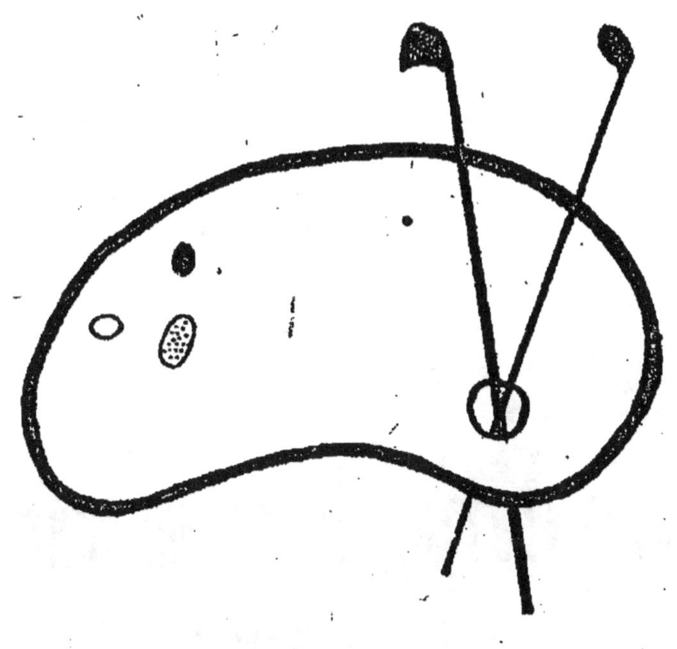

DEBUT D'UNE SERIE DE DOCUMENTS
EN COULEUR

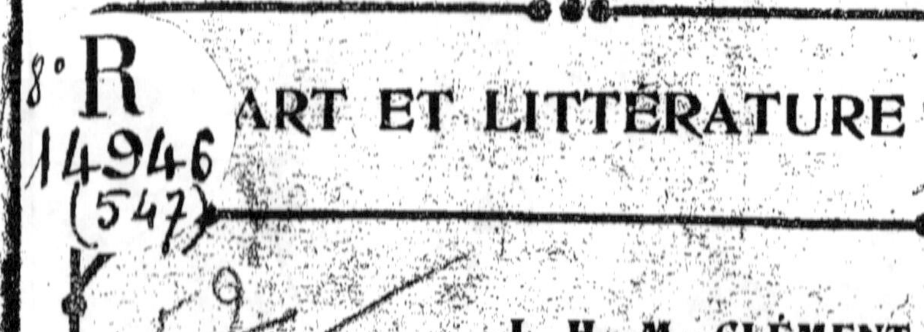

J.-H.-M. CLÉMENT

Inspecteur de la Société Française d'Archéologie

LA

REPRÉSENTATION DE LA MADONE

A TRAVERS LES AGES

BLOUD & Cie

S. & R. 547

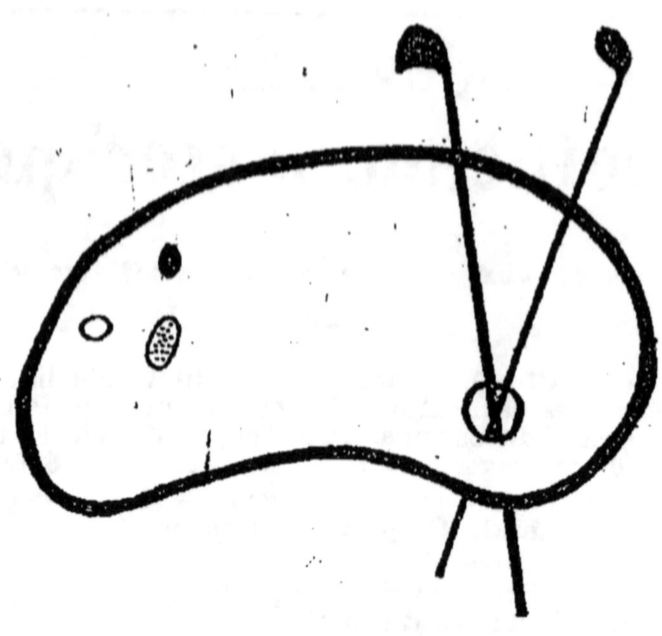

**FIN D'UNE SÉRIE DE DOCUMENTS
EN COULEUR**

LA

REPRÉSENTATION DE LA MADONE

A TRAVERS LES AGES

LA

Représentation de la Madone

A TRAVERS LES AGES

(Avec figures)

PAR

Joseph-H.-M. CLÉMENT

DU DIOCÈSE DE MOULINS
INSPECTEUR DE LA SOCIÉTÉ FRANÇAISE D'ARCHÉOLOGIE
ANCIEN VICE-PRÉSIDENT DE LA SOCIÉTÉ D'ÉMULATION
DU BOURBONNAIS, ETC.

PARIS

LIBRAIRIE BLOUD ET Cⁱᵉ

7, PLACE SAINT-SULPICE, 7
I ET 3, RUE FÉROU ; 6, RUE DU CANIVET

1909

MÊME SÉRIE

LETTRE D'APPROBATION

DE MGR LOBBEDEY, ÉVÊQUE DE MOULINS

Meaulne, en tournée de Confirmation,
30 mai 1908.

MONSIEUR L'ABBÉ,

J'approuve bien volontiers votre nouvelle publication sur les diverses représentations de la *Madone à travers les âges.*

C'est une œuvre de science en même temps que de piété, une œuvre telle qu'on pouvait l'attendre du prêtre et de l'archéologue que vous êtes.

Elle instruira, elle édifiera tous ceux qui la liront et je souhaite que ceux-ci soient nombreux.

Agréez, Monsieur l'abbé, l'assurance de mon affectueux dévouement.

† EMILE,
Evêque de Moulins.

LA REPRÉSENTATION DE LA MADONE

À TRAVERS LES AGES

AVANT-PROPOS

AVANT de résumer les données de l'iconographie mariale sur les représentations de la Madone, il convient tout d'abord de déterminer exactement l'objet spécial de notre étude.

Les images de la Vierge, en effet, se répartissent en *deux catégories,* bien distinctes quoique souvent mêlées et confondues.

La Sainte Vierge est représentée, en premier lieu, dans ce qu'on peut appeler LES MYSTÈRES de sa vie, c'est-à-dire dans les scènes qui rappellent une particularité de son existence, depuis la PRÉPARATION *prophétique, figurative, emblématique, mythique, historique...* jusqu'à son COURONNEMENT et à son RÈGNE DANS LE CIEL, en passant par sa CONCEPTION IMMACULÉE, sa NATIVITÉ, son ENFANCE... sujet trop considérable pour tenir dans le cadre forcément étroit d'une brochure.

Mais la Madone a été figurée aussi, en dehors des scènes de sa vie, *par l'image sacrée,* l'icône de dévotion, au moyen de laquelle l'artiste — comme le théologien qui plane au-dessus des événements de l'histoire — a représenté la Vierge Mère parfois *seule,* plus souvent avec l'*Enfant Jésus* et assez fréquemment avec d'*autres saints,* lui donnant des ATTRIBUTS, des SYMBOLES et une ATTITUDE, une fonction par lesquels les croyants et les artistes de tous les pays et de toutes les époques ont cherché à exprimer ses privilèges, ses vertus, ses gloires et leur propre dévotion.

C'est ce sujet que nous explorerons dans la présente étude, aussi brièvement que possible.

DIVISIONS ET CLASSIFICATION GÉNÉRALES

Si maintenant nous jetons un coup d'œil d'ensemble sur les images de la Madone, depuis l'époque des catacombes jusqu'à nos jours, nous nous rendons compte que les caractères de ces représentations répondent à peu près aux grandes périodes d'art qu'on appelle : les époques *latine* ou *romaine*, *romane*, de *transition*, *ogivale* et de la *Renaissance*.

A. — PÉRIODE ROMAINE OU LATINE

TYPES DE L'ORANTE ET DE LA VIERGE MÈRE.

Des premiers siècles au IVe siècle.

C'est dans la Rome souterraine, dans les catacombes qu'il faut descendre pour trouver, sur les parois des galeries et des *arcosolia*, aux voûtes des chambres, *les premières images* peintes par la piété des chrétiens de la primitive Eglise ; car, la douce figure de la Vierge s'est penchée sur le berceau même du christianisme.

A. — L'ORANTE

La première pensée qui nous paraît avoir été traduite par la peinture catacombale, ce fut l'idée de la mission dévolue à Marie, par la doctrine chrétienne, celle « d'intermédiaire », de « médiatrice » entre Dieu et les hommes coupables. Depuis l'Ascension, Marie apparaissait le principal secours des chrétiens auprès du

Médiateur divin, qui était en même temps Rédempteur
et Souverain Juge des vivants et des morts.

Aussi à côté du Bon Pasteur, ils placèrent l'*Orante*,

Fig. 1. — Vierge Orante. — Trois types du cimetière de
Saint-Calixte (Bosio). *La Vierge Orante*, entre les
apôtres saint Pierre et saint Paul ; fond de coupe dorée
des Catacombes (Musée chrétien du Vatican).

Marie levant les bras dans la supplication ; c'était une
ingénieuse façon de rappeler sa mission apostolique au

milieu des hommes, parmi le collège des apôtres, à la
Pentecôte, au concile de Jérusalem ; le rôle d'assistance
qu'elle ne cessa de donner aux premiers chrétiens,
avant d'être ravie à leur tendresse par la glorieuse
Assomption, et qu'elle ne cessait de remplir maintenant qu'elle régnait dans le ciel.

Nous trouvons la divine *Orante* (*Fig.* 1) répandue
dans le cimetière de Saint-Calixte, dans celui de Saint-
Sébastien, et jusqu'au fond des coupes dorées des cata-

Fig. 2. — ORANTE MÈRE. — Rome, Catacombes.
(Cimetière *Ostrien*, dit de Sainte-Agnès.)

combes, que conserve le musée chrétien du Vatican.

Mais bientôt la céleste avocate, « l'advocatrix », la
miséricordieuse priante est accompagnée de son Fils.
comme appliqué sur son sein. C'est l' « *Orante Mère* »
qu'on ne séparera plus de Jésus, pour indiquer le titre
le plus positif de sa puissance, l'origine de sa grandeur
et l'étendue de son crédit.

C'est ainsi que nous la trouvons représentée au cimetière Ostrien, dit « de Sainte-Agnès » (*Fig.* 2), dans une
peinture, à demi effacée par l'humidité et des stratifica-

tions calcaires et dont on discute encore la date, que l'éminent M. de Rossi comparait aux fresques gréco-romaines de Pompei et attribuait à la fin du 1er siècle, au plus tard à la moitié du second ; mais qui, en tous cas, s'éloigne peu de cette époque.

Fig. 3. — ICONE ORIENTALE au type de l'*Orante Mère*.
(Collection de l'abbé Joseph Clément, Moulins, Allier.)

C'est ce type que l'Orient a adopté, que les couvents du mont Athos — centre artistique le plus intense de la période byzantine — ont popularisé et qui s'est perpétué presque intact jusqu'au XII° siècle, dans l'église grecque et dans toute la Russie.

On en peut voir un exemple dans la curieuse icône orientale que nous avons le bonheur de posséder (*Fig.* 3). Cette superbe peinture, sur bois de cèdre, nous montre la Vierge en Orante, mais avec une particularité qui nous paraît jusqu'ici très rare ; car le Christ, d'ordinaire, tient dans sa main gauche un phylactère ou le livre des Evangiles, tandis qu'il bénit de la main droite. Dans cette icône, il bénit des DEUX MAINS, pendant que sa mère lève les siennes, dans le geste de la supplication et de la prière.

B. — LA VIERGE MÈRE

Mais on assiste bientôt à la transformation de ce type. La Vierge abaisse les bras pour tenir son divin Fils et le présenter à l'adoration, aux hommages des hommes.

Précédant les décisions d'Ephèse, elle apparaît comme « *Mère de Dieu* ».

Nous la trouvons ainsi représentée pour la première fois, dans une peinture du cimetière de Priscille, au II° ou au III° siècle (*Fig.* 4). C'est la Matrone romaine, assise, pressant contre sa poitrine l'Enfant Dieu. Elle est vêtue de la tunique que recouvre la dalmatique faisant fonction de manteau. Une étoile brille au-dessus de sa tête, comme pour y diriger les hommages des hommes, comme autrefois pour conduire à Bethléem les savants mages de l'Orient, tandis que devant elle un personnage, dans lequel tous les iconographes voient Isaïe, la désigne de la main droite, en levant dans la gauche le livre de ses écrits prophétiques.

Certains critiques modernes affectent de voir dans cette représentation chrétienne une « *réminiscence* » de la Mithra assyrienne, de l'Isis et l'Horus égyptiens, de la Junon nourrice de la Grèce et de Rome, voire même de Kouan-Yin bouddhiste du musée Guimet.

Pour mon propre compte, je ne repousserais pas, *à priori*, ces « assimilations ». D'abord, parce que je

Fig. 4. — Vierge Mère. — Rome, Catacombes.
(Cimetière de Priscille.)

regarde comme de véritables « PRÉFIGURES » ces types du paganisme, qui se rapportent à la Mère de Dieu.

Il est clair qu'en quittant le Paradis terrestre, nos premiers parents emportèrent la promesse du Rédempteur ; qu'ils léguèrent cette espérance à leurs descendants, comme le plus précieux des héritages au milieu des tristesses du bonheur perdu, et que, par la suite, d'âge en âge, cette vision radieuse et consolatrice, conservée par le peuple de Dieu et entretenue par les Prophètes, perdit nécessairement de sa netteté primitive chez les peuples étrangers, à mesure qu'ils s'écartèrent de la souche commune.

Toutes les vérités subsistèrent dans l'humanité, en s'altérant et se transformant avec les idées, les mœurs de chaque nation. On retrouve l'essence des dogmes paradisiaques, et en particulier les promesses messianiques, chez tous les peuples de la terre.

On sait, d'autre part, que les chrétiens des catacombes étaient obligés de cacher les cérémonies et les emblèmes de leur culte dans les profondeurs du sol, et les dogmes de leur foi sous des symboles. Quand les païens descendaient dans leurs galeries souterraines, pour saisir des prétextes à de nouvelles persécutions, ils ne rencontraient dans les représentations peintes que les figures d'Apollon qui cachait le Christ, du Bon Pasteur entouré de brebis, qui voilait le Rédempteur et ses fidèles. Il ne me paraît donc pas extraordinaire qu'ils n'aient vu qu'Isis dans la divine Mère de Dieu.

Mais les chrétiens ne s'y trompaient pas, et la présence ici d'Isaïe est assez éloquente pour nous faire entendre qu'ils ne voyaient dans ce groupe que la réalisation bénie des promesses, dont le prophète s'était fait l'écho autorisé.

Ce type devait, d'ailleurs, devenir universel, et être, en Occident, adopté à jamais, surtout après les décisions du concile d'Ephèse, en 431, où la Maternité divine de Marie fut proclamée solennellement, à la suite des hérésies qui avaient attaqué le mystère de l'Incarnation.

Nous le retrouvons maintenant au-dessus des catacombes, dans les basiliques élevées après le triomphe définitif de l'Eglise. C'est le type des vierges dites « *de saint Luc* » (*Fig.* 5), qui sont l'œuvre du IVe ou du Ve siècle, copiées peut-être sur un modèle plus ancien et dont le précieux tableau de Sainte-Marie-

Majeure est un des plus vénérables et des plus curieux spécimens.

On admire avec raison ces pieuses icônes. A mon

Fig. 5. — Type des Madones de saint Luc.

avis l'art religieux n'a rien produit de plus pur. La teinte, généralement, est brune ; la pose empreinte de raideur, et la physionomie, d'une expression de tristesse que reflètent les grands yeux très doux et beaux de la Madone.

Mais c'est aussi ce type qui s'implanta sur notre cher sol de Gaule, avec les premières infiltrations du christianisme naissant, et c'est une gloire de notre province même, qui vaut la peine d'être exposée, puisque nous pouvons prétendre posséder, dès le milieu du IIe siècle, la Madone que nous avons à décrire ; car nous ne saurions rationnellement voir autre chose dans la figurine trouvée à Toulon, près de Moulins (Allier).

En effet, en 1856, un établissement de potiers du IIe siècle fut découvert dans le champ Lary, commune de Toulon-sur-Allier, à 8 kilomètres de Moulins, et exploré par MM. Bertrand, le conservateur actuel du musée départemental, et les regrettés Esmonnot et Tudot. On sortit des restes des fours et des déblais environnants, au milieu de fragments de poteries à motifs en relief, avec *un grand bronze de l'empereur Adrien* (117-138) — ce qui DATE APPROXIMATIVEMENT CETTE FABRIQUE — d'innombrables statuettes en argile blanche, représentant les divinités romaines et gauloises, figures votives, que la clientèle païenne achetait pour placer dans ses laraires ou chapelles domestiques, et de nombreux moules portant la signature de potiers gallo-romains.

Or, à côté de centaines de Vénus et de Minerves, de Mars, de prêtresses illustres comme les Velleda, Aurinie, Arébé, de nombreuses Mérées (*Fig.* 6), on découvrit la statuette que nous venons de signaler (B). On ne l'a trouvée qu'à un exemplaire, avec *une partie du moule* dont elle est sortie, et deux autres petits fragments de la même statuette qui font partie des collections particulières de MM. Bertrand et Pérot, de Moulins.

Les tenants de l'Évangélisation tardive des Gaules ont naturellement voulu voir en cette figure une Mérée, déesse protectrice de la maternité et de la fécondité ou une Isis gauloise, ce qui est un système plus commode que vraiment scientifique. Il suffit de constater les particularités véritablement caractéristiques qui distinguent toutes les Mérées (*A*) et notre statuette (*B*) pour se rendre compte que l'assimilation est, ici, impossible. Les différences qu'on remarque dans l'attitude, la coiffure, les enfants qui accompagnent les Mérées,

Fig. 6. — *a)* STATUETTES GALLO-ROMAINES ; MÉRÉES ; — *b)* MADONES CHRÉTIENNES.

en leur donnant une physionomie particulière et constante, les empêchent d'être confondues avec ce type si idéal, dans lequel je me crois autorisé — après tant d'autres archéologues bourbonnais — à voir une vraie Madone, exécutée par le potier du champ Lary, pour une cliente chrétienne, comme aujourd'hui, nos statuaires catholiques font encore revivre, pour l'ornement des salons éclectiques mondains — suivant l'exemple de nos peintres de la Renaissance — des Vénus, des Jupiters, des Mercures, qui conviennent d'ailleurs assez aux idées, aux mœurs et aux tendances nouvelles.

Aussi bien on retrouve ces statuettes très répandues dans les nations qui entourent la Méditerranée, même en Tunisie, où le savant P. Delattre en a rencontré plusieurs (C) avec cette différence que, dans ces images, *qui sont postérieures à la nôtre,* l'Enfant Jésus semble s'être éveillé, qu'il esquisse un mouvement et se dispose à se placer dans le giron de sa Mère, dans la position où nous allons le trouver, à l'époque suivante, comme figé par le hiératisme roman.

B. — EPOQUE ROMANE

Période du Hiératisme. — Vierge en Majesté

IVe-XIIe siècles.

A la fin de la période purement romaine ou latine, *le type* de la « Mère de Dieu » s'impose désormais, répondant à la pensée chrétienne précisée par les décisions des conciles, qu'il met en valeur, en montrant que toutes les grâces obtenues par Marie, toutes ses gloires et toute sa puissance dans le ciel, ont leur source et leur explication dans le privilège de sa maternité divine.

Ce qui contribue aussi à fixer cette attitude, ce sont les représentations de la scène si populaire de l'adoration des Mages, qui apparaît souvent répétée dans les peintures et sur les sarcophages des catacombes :

cimetières de Saint-Calixte (IIe siècle); de Domitille (IIIe siècle); de Sainte-Agnès, des Saints-Pierre-et-Marcellin (IVe siècle).

La Madone y présente son Fils à l'adoration.

Ce sont, *en premier lieu,* les rois de l'Arabie qui viennent lui rendre leurs hommages.

Puis, c'est le tour des nations de venir à l'obédience divine. Marie présentera donc maintenant Jésus à l'adoration des hommes.

Le groupe sacré, détaché d'habitude de ses fidèles, conservera sa pose pleine de *majesté*. La rigidité de ses traits s'accentue du IVe jusqu'au Xe siècle, sous l'influence de l'Orient, dont le type hiératique de la « Théotocos », de la « Deipara » est importé en Italie et se répand dans tout l'Occident, jusque dans les églises du nord de l'Afrique, après la persécution de Léon l'Isaurien et les fureurs des iconoclastes.

Au Xe siècle, les caractères de la Vierge en Majesté sont fixés rigoureusement, comme une formule dogmatique, jusqu'au moment où l'étude de la nature lui donnera une nouvelle vie et du mouvement.

La Madone est alors assise, face aux spectateurs, le buste et le regard droits, dans une attitude de grandeur souveraine. Elle est Reine, en effet, plus impératrice que celle qui règne éphémèrement à Constantinople, mais en même temps elle sert de trône à son divin Fils, qui repose sur ses genoux, dans l'axe même de son giron, où elle l'y maintient de ses deux mains, dans un geste plein de déférente noblesse.

On a baptisé parfois la Madone, ainsi représentée, du nom de « *Sedes sapientiæ* », parce qu'il rend parfaitement la pensée des Litanies laurétannes. Marie est bien ainsi le trône, le siège de la Sagesse incréée. *Son Fils est très sensiblement l'objet principal de la composition et des hommages de la Terre,* sans pour cela voiler, mais souligner, au contraire, la prodigieuse élévation de Celle qui l'a enfanté et mis au monde.

La Vierge est, dans cette période, vêtue d'une ample robe, sorte de bliaut à longues manches pendantes, d'un voile sur lequel une couronne se posera plus tard, complétant dans les peintures le nimbe qui a fait son apparition au vᵉ siècle, tandis qu'un sceptre sera mis dans sa main droite, pour mieux affirmer sa qualité de de Reine-Mère. Ses pieds sont posés dans une chaussure, souvent enrichie d'ornements et de gemmes, dont les pointes paraissent sous les plis de la jupe.

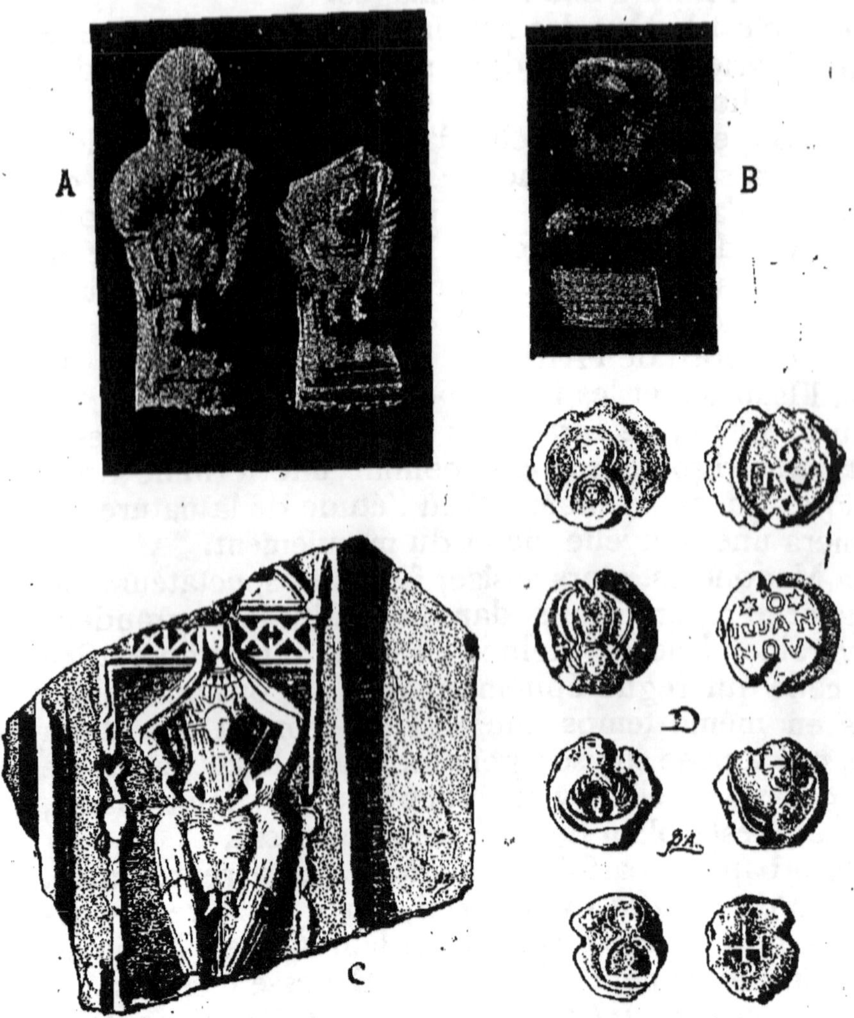

Fig. 7. — Types de la VIERGE EN MAJESTÉ.

L'Enfant Jésus a souvent la tête d'un empereur romain, empruntée au galbe des médailles impériales. Ses traits sont un peu forts et lui donnent plutôt l'aspect d'un homme d'âge mûr que celui d'un enfant, car d'après la tradition Notre-Seigneur, même petit, avait la sagesse de l'homme fait. Sa main gauche s'appuie sur le livre des Evangiles ou tient, en Orient, un rouleau des Ecritures sacrées, en qualité de souverain docteur, de « Maître ». De sa main droite Il bénit devant lui, l'index et le médium ouverts, selon le rite latin. Il a les pieds nus, ce qui est un des caractères de la divinité. On en peut donner, entre cent exemples, le groupe de Notre-Dame d'Orcival.

Pour achever de comprendre les particularités de ce type, il suffit de jeter les yeux sur quelques madones, de cette période.

Dans la figure 7 nous avons réuni divers spécimens de Vierge en Majesté, antérieures au VIIIe siècle.

En *A* : deux statuettes d'argile trouvées en Tunisie, et qui, d'après le savant P. Delattre, sont du IVe siècle.

En *B* : un fragment de statuette, trouvé en France, à Prunay-le-Gillon, près Chartres, et qui est la contemporaine des deux premières.

En *C* : un fragment de brique, trouvé à Carthage, et faisant partie du musée chrétien du P. Delattre.

En *D* : des plombs de bulle, offrant la Vierge et l'Enfant devant elle.

On peut remarquer que dans ces premières images de la Vierge en Majesté, c'est le type de l'adoration des Mages qui domine encore ; l'Enfant Jésus n'a rien dans les mains, si ce n'est dans la brique tunisienne où l'artiste, pour le mieux caractériser, lui a donné une étoile comme nimbe et une croix comme sceptre.

Mais le phylactère sacré apparaît dans la main du divin Docteur sur les murs de *Maria antiqua,* découverte ces dernières années à Rome, au-dessous de l'église Sainte-Marie Libératrice, au Forum.

Comme nous le retrouvons en France, à l'époque carolingienne, dans un tissu tramé de soie et broché d'or, qu'a publié M. Dupont-Auberville et où l'Enfant divin tient *deux rouleaux* des Evangiles.

Dès le IXe siècle, le type complet dont nous avons parlé, triomphe définitivement. Comme toujours nous en trouvons le premier exemple à Rome, à *Santa Maria in Dominica,* où la Madone, majestueuse, mais sévère, domine, dans le scintillement précieux de la mosaïque.

C'est encore sous cet aspect que nous la retrouvons aussi à Rome, dans l'abside de Sainte-Cécile in Transtevere, à *Sainte-Françoise romaine*. On pourrait citer de nombreuses fresques d'églises de Rome ou d'Italie, où ce type se rencontre, sans presque aucune modification : à Saint-Apolinaire de Ravenne ; dans des diptyques et des ampoules de Monza ; la même que le mosaïste vénitien posait aux coupoles de Saint-Marc ; et reproduites aussi sur les sous d'or, les monnaies d'argent des empereurs de Byzance, les écus romains, les maximiliens en or de la Bavière, les ducats de Gênes, etc.

C'est le même type qu'offrent tant de Madones françaises.

Dans notre Bourbonnais même, où nous la voyons à *Saint-Léon* (commune de Jaligny), conservée par la famille Picard, en son antique sanctuaire de Montperroux, la *doyenne* de nos Madones de l'époque romane, que le temps a mutilée, sans nuire pourtant à ses caractéristiques.

A *Chappes* (canton de Montmarault), où la Vierge a, comme agrafe de robe, un fermail d'orfèvrerie qui rappelle ceux de l'époque mérovingienne.

A *Vernouillet* (de la commune de Bourbon-l'Archambault), dont la Madone est coiffée de cette cape, qui tient de l'ancien bonnet phrygien, si longtemps en usage dans la sculpture chrétienne, mais qui peut bien être emprunté dans cette image au costume du pays.

A *Varennes-sur-Allier*, où *Notre-Dame de la Ronde* perpétue le type malgré le fruit, qui a remplacé *plus tard*, dans les mains de l'Enfant, le livre des Evangiles.

C'est l'attitude des nombreuses Madones qu'on trouve partout, surtout en Auvergne, dans le Velay, le Forez, dans les Pyrénées, dans l'Ile-de-France, qui en conserve de curieux spécimens, dans ses musées, comme la statue en bois du *Louvre* ; mais surtout la *Vierge du tympan* de la porte *Sainte-Anne*, à Notre-Dame de Paris et que je donne ici comme l'exemplaire le *plus parfait* et le *plus complet* de nos Madones en Majesté, expression parfaite du hiératisme doctrinal et sculpturaire de cette grande époque.

On a formulé contre ces représentations certaines critiques assez justifiées, au *point de vue plastique,* bien que, pour les juger aussi sévèrement, on n'ait pas tenu assez compte peut-être des conditions artistiques du moment.

La technique peut paraître insuffisante, l'habileté médiocre. Il y a dans « le faire » une gaucherie que certains se plaisent à appeler encore « naïve » par allusion, sans doute, à « la naïveté » de l'enfant qui débute dans le dessin ou le modelage. Les personnages manquent souvent de proportions, les étoffes de souplesse. Elles emprisonnent les corps aussi rudement que les armures de fer des gens de guerre de cette dure période (1) ; les plis évoquent l'idée de tuyaux d'orgues ; les épaules sont resserrées, les gestes raides ; certains membres trop graciles, d'autres trop forts. Les yeux trop grands et comme à fleur d'orbites, parfois émaillés, donnent souvent un aspect un peu farouche, sinon hagard, au visage.

C'est que les imagiers de la période du haut moyen âge, pas plus que les céramistes antérieurs de la basse époque, n'allaient pas consulter les canons de la beauté, dont la nature garde les secrets. Ils lisaient surtout en eux-mêmes, tout en copiant les motifs stylisés qu'ils trouvaient dans les anciens monuments.

Du moins, c'est avec leur foi et non avec des procédés de convention qu'ils exprimaient leurs croyances. Ils ne se proposaient pas de fournir ces mignardes images, toutes pétries de mondanité, à l'expression d'une doucereuse fadeur, que livre aujourd'hui le commerce des objets de piété, où l'on recherche surtout le joli, pour plaire à une clientèle que Viollet-le-Duc lui-même a appelée une « église de boudoir ».

Ils travaillaient, moins pour les raffinés que nous sommes, que pour les croyants de leur temps.

Ce qui domine dans cet art, c'est l'*expression de l'idée* qui, dans une large mesure, rachète les défauts de proportions et l'inélégance des formes.

(1) Cf. *Précis d'archéologie du moyen âge,* par M. Brutails, 1908.

La poursuite de l'idée religieuse domine tout, et si cette idée est affirmée d'une façon un peu vive, reflet des sentiments robustes et des fortes convictions de l'époque, elle est du moins exprimée si heureusement que souvent, devant de telles œuvres, on oublie les règles de la plastique, pour n'en plus goûter que le charme pénétrant.

Car, malgré la pauvreté des formules ou les défaillances du ciseau, l'idée est rendue si puissamment dans certaines Madones, que en dehors même de la richesse des matériaux, de la somptuosité des mosaïques, par la seule force dramatique de la foi qui les inspire, la noblesse, la majesté souvent de leur expression, la grandeur unie à la grâce qu'elles respirent, elles s'élèvent à la hauteur de véritables chefs-d'œuvre, dont s'enorgueillissent nos plus sélectes collections nationales et qui émeuvent leurs visiteurs, à plusieurs siècles de distance, malgré l'abaissement de l'esprit de foi chez ceux qui les regardent.

Aussi bien n'est-ce pas avec les yeux reconnaissants de croyants qu'il convient de regarder ces vieilles Madones devant qui tant de cœurs ont brûlé d'amour, qui ont provoqué tant d'actes de foi, d'où sont venus tant de secours qu'on les nomme « Miraculeuses ».

On peut dire d'elles ce que notre distingué compatriote, M. Emile Male, a dit de certaines statues de jeunes saintes : « Elles sont belles surtout d'avoir été tant aimées (1). »

Un fils — disions-nous dans *Notre-Dame de Moulins* — regarde-t-il au visage de sa vieille aïeule, s'il doit lui rendre des hommages et des actions de grâces ou d'ingrats dédains ? Et la trouve-t-il véritablement moins belle pour n'avoir pas tous les charmes physiques ou le genre de beauté à la mode ? Et ne suffit-il pas à un fils bien né que cette mère ou cette aïeule ait été un trésor de tendresse et un bienfait vivant, pour qu'il la préfère à la seule froide beauté.

C'est avec ce sentiment surtout qu'il convient à des baptisés de regarder les vieilles Madones. Et il suffit,

<hr>

(1) *Revue des Deux-Mondes*, 1ᵉʳ février 1908, p. 675.

pour qu'en dépit de la défectuosité de la ligne, il soit saisi, par leur attitude de grandeur et d'infinie bonté, et ému devant ces images, d'où se dégage comme un parfum séculaire de prières exaucées.

C. — EPOQUE DE TRANSITION

PÉRIODE IDÉALISTE. — VIERGES NOIRES. — VIERGES A LA POMME. — VIERGES OUVRANTES.

—:—

Fin du XIIe siècle. — Milieu du XIIIe siècle.

Dès les débuts du XIIe siècle, le groupe divin commence à sortir, après d'interminables lustres, de sa rigidité, de sa majestueuse immobilité. *Il s'anime.* L'Enfant Jésus, en particulier, quitte sa place, où il semblait fixé hiératiquement, et va se mettre tout doucement, tantôt à gauche, tantôt sur le genou droit de sa mère, en attendant que nous le trouvions, dans la période ogivale, agissant, mouvant comme un enfant de son âge.

J'en donnerai comme exemples : *Notre Dame de Moulins (Fig.* 8), qui paraît dater du milieu du XIIe siècle. Elle est assise sur un siège décoré de ces arcatures en mitre, si spéciales à l'école d'Auvergne et répandues dans les monuments du Bourbonnais.

Pour la conserver, elle a été marouflée au XVe siècle et a reçu, au XIXe, plusieurs couches d'enduit, qui dissimulent un peu la sculpture. Mais on se rend compte que la Madone est vêtue d'une sorte de peplum ou chasuble, qui descend au-dessous des genoux, entrant par la tête, qu'elle recouvre, en mode de voile, d'un grand capuchon fort semblable à la cape antique de notre province.

Ces madones vénérables sont habillées d'ordinaire, partout en Espagne et dans beaucoup de localités en France, au grand préjudice de la vérité artistique et de leur propre conservation.

De la vérité d'abord, parce qu'on ne peut se rendre compte de la forme exacte de la statue, qui parfois

Fig. 8. — Notre-Dame de Moulins.

paraît debout, comme à Moulins, lorsqu'en réalité elle est assise.

De leur propre conservation souvent, parce que ce système de cloche d'étoffe favorise, dans l'ombre, la tranquille éclosion de tous les insectes qui dévorent le bois le plus dur et le réduisent en poussière.

Notre Dame de Livry, près Paris (très mutilée), dont l'Enfant s'est placé résolument du côté droit, marque bien la transition entre l'ancien type hiératique et celui que va nous montrer la période ogivale.

Il est facile de se convaincre, d'après ces exemples, que les figures elles-mêmes semblent modelées d'après un type ethnique et peut-être emprunté, comme certains détails du costume, aux gens du pays où travaillaient le peintre et l'imagier, qui s'inspirent chaque jour davantage de la nature. Il passe comme un rayon dans le visage moins fermé de la Madone, bien que ses yeux conservent encore leur fixité primitive.

L'idée est de plus en plus l'inspiratrice de l'artiste ; pourtant elle évolue incontestablement. Elle domine encore l'attitude, mais on sent qu'elle se transforme et que l'artiste cherche des effets nouveaux.

Jusqu'ici l'Enfant était *le principal objet de l'attention ; il était porté par sa mère,* offert *par elle-même aux adorations ;* MAINTENANT *Marie et Lui sont, à* ÉGAL DEGRÉ, *l'objet de la composition et des hommages,* en attendant que, sous la poussée des idées religieuses, des sentiments d'amour pour la Vierge, qui remplissent tout le siècle suivant, Marie l'emporte et devienne le principal intérêt du groupe.

La recherche de l'idée se retrouve jusque dans les COULEURS adoptées par la peinture, pour rendre la Madone, que son pinceau vêtira de *rouge* pour la robe, de *blanc* pour le voile, et de *bleu* pour le manteau, ces couleurs représentant, d'après la mystique en cours, le blanc, l'incomparable pureté ; le bleu, la splendeur de la grâce divine ; le rouge, l'ardente charité de Marie.

C'est aussi l'époque des « VIERGES NOIRES », qui appellent quelques explications.

Nous ne parlons pas ici de Madones sculptées dans un bois ou une matière de couleur sombre ou même noire ; mais de celles qui *intentionnellement* furent peintes, du moins le visage, de couleur noirâtre. Et il en existe de très nombreuses dans les vieux sanctuaires français, à Paris (chez les Sœurs de Saint-Thomas de Villeneuve), à Dijon, à Chartres, dans l'Auvergne surtout ; en Espagne ; en Italie, etc.

Rien que dans notre Bourbonnais, je pourrai citer *Notre Dame de Moulins, Notre Dame de Chappes,* qui étaient noires ; *Notre Dame de Coulandon* (du xe ou xie siècle, qui fait partie de notre collection), et dont le visage, d'abord couleur de chair, a reçu, à l'époque idéaliste, une forte couche de matière brunâtre.

On a beaucoup discuté sur l'origine, ou mieux la signification de cette couleur, appliquée sur le visage de la Vierge.

Quelques archéologues (parmi eux M. Rohault de Fleury) l'expliquent par ce fait que beaucoup de ces statues mérovingiennes ou carolingiennes de la Vierge avaient le visage couvert de lames d'argent au moment où, pour les sauver de l'invasion des Barbares, elles furent enfouies. Quand on sortit ses statues de leurs terrestres ou du moins humides cachettes, après le passage des hordes ennemies, — ce qui donna lieu à ces découvertes merveilleuses dont le légendaire des « Inventions de Madones » est rempli, — le métal oxydé avait laissé aux figures une couleur sombre, qu'on respecta, parce qu'elle attestait et l'antiquité de la statue et sa miraculeuse conservation.

On l'aurait même imitée depuis et reproduite sur les nouvelles représentations, pour donner à ces dernières un aspect plus vénérable et comme un cachet d'anti-quité reculée, ainsi qu'un homme se fait des parchemins pour se mieux ennoblir.

Nous n'acceptons pas cette explication, et sur ce point nous nous rencontrons avec la majorité des archéologues et des artistes (1).

Nous pensons qu'il faut faire ici l'application de la

---

(1) M. Huysmans nous écrivait (23 novembre 1898) : « Les explications que vous donnez à propos du *nigra sum sed formosa* me semblent absolument décisives. La théorie de M. Rohault de Fleury, tirée par les cheveux, ne tient pas debout. Qu'est-ce qui prouve d'ailleurs que ces statues avaient toutes les figures recouvertes de lames d'argent ? »

parole de la Sulamite du *Cantique des Cantiques* (ch. I, x. 4) : « *Nigra sum sed formosa* », je suis noire, mais je suis belle », que la Sainte Eglise d'ailleurs applique à Marie et répète souvent dans l'office qui lui est propre.

Ce n'est donc pas ethnographiquement — car les artistes du moyen âge savaient parfaitement que Marie, comme les juives, n'était pas *mulâtresse*, c'est-à-dire « noire », — mais dans un sens symbolique, que les Vierges de la transition portent cette couleur.

Et le symbole est profondément attachant. En effet, la Sulamite explique sa parole « *Nigra sum* », par cette révélation qu'on ne peut entendre physiquement : *Quia decoloravit me sol* : et que les exégètes du moyen âge traduisent mystiquement par la *douleur* ; seul sens possible de cette allégorie qu'est le *Cantique des Cantiques*.

D'ailleurs dans le texte même se trouve la preuve qu'il faut entendre le « *Nigra* » de l'effet de la *souffrance* ; car l'Epouse, après avoir déclaré qu'elle a changé de couleur ajoute : « *Filii matris mei pugnaverunt contra me* », « *les enfants de ma mère se sont élevés contre moi* ». C'est là la cause de son chagrin, de son changement de couleur. Aussi bien « *sol* », le soleil, c'est le jour, c'est la *vie*, la souffrance, les épreuves, les déchirements, enfin la douleur.

On dit encore aujourd'hui, et d'une façon parfaitement courante : « Son visage s'assombrit ; il est devenu *noir* de *colère*, de douleur, » pour exprimer le suprême degré de la contrariété ou de la souffrance.

On n'a pas trouvé jusqu'ici, d'explications plus acceptables de la couleur sombre des Vierges noires. Et c'est bien certainement dans le sens que nous venons d'indiquer que l'Eglise entend le *Nigra sum sed formosa* (1) ; nous sommes donc autorisés à penser que c'est aussi pour rendre la même idée que les imagiers et les artistes romans, qui obéissaient encore si

____

(1) Saint Bernard commente dans le même sens le *Nigra sum*. Cf. « Sermon sur le Cantique », 25. Sermons de la Pathologie de Migne. — Fillion, dans la « Sainte Bible » com., t. IV, p. 600, entend le *Nigra sum* dans le même sens et en fait la même application à la Vierge.

aveuglément à l'Eglise et connaissent si parfaitement sa liturgie (1), assombrirent le visage de Celle qui est appelée par excellence, « la *Mère des douleurs* et la *Reine des martyrs : Mater dolorum, Regina martyrum !*

Voilà pourquoi l'art de cette époque couvrait de noir le visage de la Vierge, comme l'Eglise couvrait de noir l'épaule de ses prêtres, pour exprimer le deuil et la douleur.

On pourrait se demander pourquoi l'Enfant Jésus, dans les groupes qui nous occupent, a également la figure noire ? Nous pensons que c'est pour lui donner une plus grande ressemblance avec sa mère, et caractériser du même coup ses propres souffrances et la Passion du Rédempteur, qui est bien le Roi des douleurs, que les artistes ont traité comme Marie, puisque Dieu le Père avait, lui aussi, fait de son Fils et de sa Mère les grands souffrants, les suprêmes martyrs de l'humanité rachetée.

VIERGE A LA POMME

A côté de ces Vierges, qui se distinguent par la coloration, l'époque idéaliste a créé deux autres types qui empruntent leur intérêt à l'idée mystique qui les inspira.

Nous voulons parler des *Vierges à la pomme* et des *Vierges « ouvrantes »*

Dans les premières, l'imagier et le peintre se sont inspirés des sentiments de piété qui portaient chaque jour plus affectueusement les fidèles vers la Mère du Rédempteur. Et pour bien montrer qu'elle avait contri-

(1) Il faut d'ailleurs se rendre compte de l'influence de la liturgie mystique sur la vie religieuse et artistique du moyen âge. Or pour elle les couleurs était comme des « mots » qui exprimaient les divers états d'âme, les conditions humaines. C'est ainsi qu'elle jetait sur les épaules de ses prêtres des ornements « blancs » pour leur faire honorer la virginité ; « rouges » pour la célébration des fêtes des martyrs ; « noirs » enfin, pour la prière en faveur des trépassés. Il était juste que les artistes, guidés par cette liturgie si expressive, fissent comme elle. Huysmans, entrant dans ces idées, nous écrivait : « En somme, si l'on tenait compte aujourd'hui de la symbolique des douleurs, on devrait faire la Vierge de l'Immaculée Conception « blanche », et *Notre Dame des Douleurs* « noire ». Mais quel est le peintre et le sculpteur qui comprendraient cela, étant donné l'extraordinaire abaissement de l'art religieux »...

bué à être « Rédemptrice » et aidé au rachat de l'humanité coupable, ils placèrent dans les mains de la Madone une *pomme,* symbole de ce fruit fatal qui amena, avec la chute de nos premiers parents, — par

Fig. 9. — La Vierge a la Pomme, peinture murale de l'église de Saulcet (Allier), xiiiᵉ siècle.

la faute d'Eve et la complaisance d'Adam, — la chute du genre humain.

C'était indirectement montrer que Marie, « *nouvelle Eve* », avait réparé la faute de la première et sauvé l'homme par son obéissance aux ordres de Dieu et sa fidélité à des grâces qui lui avaient mérité d'être la mère du Rédempteur.

Ce symbole subit trois phases :

a) Dans la première, sous l'empire de l'idée nette catholique, les artistes placent la pomme dans les mains de Marie, *qui la montre* comme l'explication de son rôle et de ses grandeurs.

b) Dans la seconde, qui correspond à l'époque réaliste de la fin du XIIIe siècle et du siècle suivant, l'idée a perdu de sa force, et finit même par disparaître : la pomme n'est plus qu'*un fruit qui sert au jeu* de la Mère et de l'Enfant. Jésus tend la main pour la prendre, ou sa Mère la lui offre.

c) Enfin le réalisme triomphant a perdu de vue le symbole, et c'est l'Enfant-Jésus qui garde le fruit en ses mains, en attendant que les artistes, voulant l'utiliser sans le comprendre, le transforment en *globe du monde,* ou même le remplacent, comme nous le dirons, par un autre fruit ou même un gracieux oiseau.

Il est facile de donner des *preuves* de l'évolution de ce symbole.

Un des exemples que nous trouvons de la première pensée des artistes à l'égard de la pomme, tenue par Marie, se rencontre dans la petite église de *Saulcet,* près Saint-Pourçain-sur-Sioule (Allier).

L'absidiole dédiée à la Vierge renferme trois remarquables panneaux de peintures murales, représentant l'Annonciation, la Nativité de Jésus et une Vierge triomphante.

Dans cette peinture (*Fig.* 9), qui occupe toute la voûte, Marie, dont le triomphe est porté par des anges, et qui s'appuie — solide fondement doctrinal — sur les quatre symboles des Évangélistes, élève dans sa main droite le fruit fatal, devenu le fruit réparé, glorieux, « *felix culpa* », comme chante l'Église.

Cette même scène, sans presque de variante, est répétée dans plus de cent monuments, ivoires, miniatures de la fin du XIIIe siècle ; à la cathédrale d'*Auxerre,* pour en citer un autre exemple, où, dans un vitrail, la Vierge montre aussi la pomme ; dans une *ravissante statuette de la collection* Martin-le-Roy, etc.

Mais nous sommes avec elle à la fin du XIIIe siècle, et déjà l'évolution dont j'ai parlé plus haut se produit.

La Vierge, qui entre dans le type maternel, semble offrir le fruit à son fils, qui n'en veut pas encore comme dans la si jolie statue en ivoire de la collection Martin-le-Roy, (*Fig.* 10) mais qui l'accepte dans la gracieuse Madone du *Musée du Louvre* (*Fig.* 11), ou dans la Madone de Memling, de la châsse de Sainte-Ursule à Bruges ; et qui le gardera à partir du XIVe siècle, comme on le voit dans la statuette d'argent doré, offerte à l'abbaye de Saint-Denis par la reine Jeanne d'Evreux, en 1339 (*Fig.* 12).

Nous retrouvons la même donnée dans plusieurs gravures d'Albert Durer, dans la délicieuse Madone de *Sasso Ferrato,* de l'Académie de Saint-Luc, à Rome ; tandis que déjà *Carlo Crivelli* (1476) fait tenir à l'Enfant, par la queue, la pomme qui va lui échapper des mains, dans le tableau de Saint-Jean de Latran, d'une grâce exquise, où nous trouvons une Madone, vêtue somptueusement d'un brocart vert et or, assise sur un trône de marbre, au-dessous d'une guirlande de fruits savoureux.

La notion de la pomme est oubliée, et les peintres ou

Fig. 10. — STATUETTE EN IVOIRE, fin du XIIIe siècle.

(Collection de M. Martin-le-Roy.)

les sculpteurs mettront désormais dans la main du divin
Enfant ou une POIRE, comme dans une miniature sur
vélin de *l'école de l'Artois* (v. 1430), qui appartient à

Fig. 11. — STATUETTE EN IVOIRE, du XIV° siècle.
(Musée du Louvre.)

M. Jean Masson, d'Amiens ; dans un autre tableau de
l'école d'Amiens, qui a figuré à l'Exposition des Primitifs, en 1904 ; comme enfin dans le groupe de *Notre-*

Dame de Montluçon, qui a dû remplacer la primitive
Madone de la cité : — ou une GRENADE, comme
Botticelli (1447-1510) ; — ou des CERISES, comme
Annibale Carrache (1560-1607), dans un tableau du

Fig. 12. — STATUETTE EN ARGENT DORÉ, DITE LA VIERGE DE
SAINT-DENIS, offerte à l'Abbaye, par Jeanne d'Evreux.
reine de France, en 1389.

Louvre ; — ou un RAISIN, comme *Pierre Mignard* (1610-1695) ; ou enfin un GLOBE...

VIERGES OUVRANTES

A côté du type « à la pomme », il convient de parler ici du genre, si peu connu jusqu'à ce jour, des *Vierges ouvrantes*, dues aussi à une idée mystique de la période de transition.

On appelle *Vierges ouvrantes* des statues de la Madone qui s'ouvrent en forme d'armoire, ou mieux de triptyque.

Fermées, elles se présentent comme les autres, assises ou debout, suivant l'époque qui les vit sculpter, et portant l'Enfant tantôt dans leur giron, tantôt droit sur les genoux, ou sur le bras gauche.

La partie antérieure coupée par le milieu, dans le sens de la hauteur, se développe en deux volets mobiles rattachés au fond par des charnières, et qui forment deux panneaux enrichis, comme la partie centrale, de bas-reliefs ou de peintures.

Les scènes qui décorent l'intérieur de ces statues se rapportant *exclusivement,* soit à la Vie ou à la Passion du Sauveur, soit aux personnes de la Très Sainte Trinité, je propose de diviser ces représentations en deux groupes et d'appeler celles du premier : *Passionnistes ;* et *Trinitaires* celles du second.

Elles furent connues au XIIe siècle et très en vogue pendant les deux suivants, comme l'attestent les inventaires des trésors des églises et des rois de France.

a) *Type passionniste.*

Le type : *Passionniste* fut créé le premier. Les artistes idéalistes, qui étaient doublés de théologiens ou inspirés par eux, voulurent exprimer d'une façon sensible, *tangible,* les préoccupations intimes et dominantes de la Vierge, dont ils redisaient, depuis des siècles, seulement les traits extérieurs.

L'étude de l'état d'âme, la psychologie des sujets n'est pas — on le voit — le monopole exclusif de notre époque.

Or, un texte de saint Luc préoccupa particulièrement nos imagiers, en quête d'idées à rendre par la sculpture. Il y est dit qu'au retour du Temple, où Siméon avait annoncé à la Vierge la Vie et la Passion de son divin Fils, Marie rentra chez elle *en conservant toutes les paroles entendues, les repassant, les méditant en son cœur :* « *Maria autem conservabat omnia verba hæc, conferens in corde suo* » (S. Luc, II, 19).

Et ils traduisirent l'objet des méditations douloureuses de la divine Mère avec la franchise de leur temps, en sorte que leurs pieux contemporains, cherchant à savoir ce qui « se passait » dans l'âme de Marie, pouvaient pénétrer dans « *son intérieur* » et voir se dérouler sous leurs yeux les scènes de la sanglante Passion, les souffrances du Rédempteur, traduites en haut relief, — comme des souvenirs vivants et matériels, — dans les entrailles, le cœur, la tête même de la Madone. C'était une espèce de prédication de la Passion de Jésus, des souffrances de Marie, non par des mots, avec des paroles, mais par l'image plus saisissante et plus « prenante » pour les fidèles naïfs et incultes du xiie siècle. C'est ce qu'un vieux texte du xvie siècle rendait par cette expression : « Marie était vraiment pleine de Nostre Seigneur Jésus-Christ. »

Nous avons été assez heureux pour réunir (1) un certain nombre de ces statues dispersées en Europe, et qui montrent la Passion au cœur de la Vierge.

Il faut donner la première place à la précieuse Vierge en ivoire de *Boubon* (commune de Cussac, département de la Haute-Vienne), exposée au Petit-Palais, à Paris, en 1900, et qui date de 1240 environ (*Fig.* 13).

Ouverte on y découvre toute l'histoire de la Passion, du Crucifiement, de la Résurrection et du Triomphe du Christ. A droite : en haut, Jésus condamné par Pilate ; au bas, la scène de la flagellation ; au centre, Jésus

(1) Jusqu'ici, aucun travail d'ensemble n'a été fait sur ces statues. Quelques-unes seulement ont été l'objet de remarques de la part des iconographes comme Mgr Barbier de Montault. Les plus illustres archéologues, MM. Didron, Viollet-le-Duc, ne citaient que la statue du Louvre, qui est regardée aujourd'hui comme l'œuvre d'un faussaire. Pour la première fois, au Congrès de Rome, en 1904, nous avons pu exposer la collection de quatorze Vierges ouvrantes d'Europe.

porte sa croix ; dans le panneau central : la crucifixion ; au bas, l'ensevelissement ; dans le volet de gauche, en haut, le Christ ressuscité, accompagné d'anges ; au

Fig. 13. — VIERGE OUVRANTE : TYPE PASSIONNISTE
La Vierge de Boubon (Haute-Vienne).

centre, les saintes femmes au tombeau ; au bas, l'apparition à la Madeleine.

Sur le socle, l'ivoirier a représenté la Nativité du Christ ; dans le haut de la statue, le Rédempteur après l'Ascension : commencement et fin de sa vie.

— L'ivoire du *Musée du Louvre,* qui a tant occupé les vieux archéologues et que M. Molinier a retiré des collections comme étant faux.

— C'est également à ce titre que les deux musées de *Rouen* et de *Lyon* ne montrent plus leurs vierges ouvrantes en ivoire, qui semblent être également le produit d'un truquage.

— Notre Dame de QUELVEN (commune de Guern, arrondissement de Pontivy, Morhiban, XIVᵉ siècle, attribuée parfois à l'église de Saint-Jean-du-Doigt, Finistère), et qui est conçue suivant les mêmes données, comme les suivantes :

— Notre Dame de l'Abbaye de MAUBUISSON, aujourd'hui à Saint-Ouen-l'Aumône, près Pontoise (Oise), œuvre du XVᵉ siècle.

— Notre Dame de Grâce, à CHEYRES (Suisse), qui est à peu près contemporaine.

— La Madone du cimetière qui entoure la vieille église de MARLY, également en Suisse, et dont l'intérieur a été complètement dépouillé de ses bas-reliefs.

—Notre Dame de BANNALEC, du diocèse de Quimper (Finistère), qui ne s'ouvre qu'à partir de la ceinture et semble dater du XVIᵉ siècle.

b) *Type trinitaire.*

Un second groupe de Vierges ouvrantes, que je me permets de « baptiser » : TRINITAIRES, a pour objet non la Passion, qui faisait le sujet ordinaire de l'intime méditation de Marie ; mais l'*action même de la grâce en Elle.*

Les artistes du XIIᵉ siècle, à l'inverse de ceux de nos jours, connaissaient merveilleusement l'Ecriture Sainte et « leurs auteurs ».

Ils croyaient donc à l'habitation des trois personnes divines dans l'âme qui est en état de grâce, en s'appuyant, avec les docteurs, sur la parole du Christ rapportée par l'apôtre saint Jean : « *Ad eum veniemus et mansionem apud eum faciemus :* Nous viendrons à lui et Nous ferons en lui notre demeure. » (Saint Jean, XIV, 23.)

Comment n'auraient-ils pas, dès lors, considéré Marie, avec Adam de Saint-Victor, *comme « le très noble réceptacle de la Trinité »*, Elle qui avait entendu un archange de Dieu lui dire : « Je vous salue, *pleine de* GRACE : *« gratia plena » ; le Seigneur est avec Vous : « Dominus tecum ».* (Saint Luc, I, 28.) *L'Esprit-Saint surviendra en vous : « Spiritus Sanctus superveniet in te. » (Id.,* verset 35.)

Enfin ces dévots imagiers chantaient, chaque dimanche, avec la liturgie sacrée : *Credo... et in... Jesum Christum Filium Dei... et incarnatus est de Spiritu Sancto ex Maria Virgine ;* ils redisaient chaque jour : *Credo in Deum... Et in Jesum Christum Filium ejus unicum qui conceptus est de Spiritu Sancto, natus ex Maria Virgine ;* et tandis que les orateurs sacrés dissertaient dans les chaires romanes sur Marie considérée comme *Fille du Père, Mère du Fils, Epouse du Saint-Esprit,* ils traduisaient avec la candeur de leur Foi l'idée qu'ils s'étaient faite de la Madone, « chambre de la Trinité ».

C'est à ces sentiments que nous devons aux artistes de divers pays plusieurs Vierges ouvrantes, du *type Trinitaire.*

— A PARIS, au Musée de Cluny, la Madone, dont les volets intérieurs représentent divers personnages en adoration devant Elle et son Fils. (*Fig.* 14.)

— En LITHUANIE, Notre Dame de Segny.

— En SUÈDE, dans le gouvernement du Kalmar, Notre Dame de *Miterhult.*

— A MORLAIX (Finistère), Notre Dame du *Mur,* toujours très vénérée.

— A MOULINS, dans ma collection, une antique statue, mutilée par les injures du temps, qui provient de la Haute-Avergne.

— A ALLUYES (Eure-et-Loir).

— Enfin, Notre Dame de BOTTON, à DURHAM, en Angleterre.

Mais ce type lui-même ne tarda pas à dégénérer.

On en vient à représenter, au XVIe siècle, simplement l'image de la Sainte Trinité sur le corps de la Madone, sans se donner la peine de la recouvrir de deux volets,

comme dans la statue de Notre Dame de *Pryvé* aujour-
d'hui au château de Soulaine (Loiret) ;

Enfin, *entre les mains de Marie (!)* comme dans
l'église de *Gaillon,* ce qui était une fantaisie qu'on peut
juger extraordinaire, si l'on garde l'épithète d' « incon-
venante » pour les représentations plus réalistes encore

Fig. 14. — VIERGE OUVRANTE : TYPE TRINITAIRE.
(Statuette du Musée de Cluny.)

du siècle suivant, consacrées aux « Vierges enceintes »,
et en écartant les « intérieurs de Marie », qui furent à
la mode au XVIII⁰ siècle et dans les premières années
du XIX⁰, et où l'on voyait l'Esprit-Saint voletant devant
la poitrine de Marie.

Faut-il attribuer la disparition des Vierges ouvrantes
au zèle sévère du chancelier Gerson, qui fit détruire
dans l'église des Carmes de Paris, un tableau repré-

sentant la Trinité dans la Vierge, et qui à ses yeux manquait soit d'orthodoxie, soit de décence ?

L'exemple de Gerson a pu être contagieux, surtout dans les villes régentées par les Universités ; mais ce qui a contribué sûrement davantage à faire délaisser ces représentations, ce sont les nouvelles images que créa la période ogivale, moins préoccupée de chercher ses modèles dans les « idées » et les inspirations du dogme, de la mystique ou de la liturgie, que dans l'étude de la nature elle-même.

D. — EPOQUE OGIVALE

PÉRIODE RÉALISTE

—:—

XIIIᵉ-XVᵉ siècle.

L'art a fait une évolution considérable au XIIIᵉ siècle.

Le style ogival a succédé au style roman renouvelant profondément les méthodes anciennes.

La sculpture et la peinture suivent généralement le mouvement de l'architecture qu'elles doivent compléter.

Tout s'élève, tout s'élance, tout devient gracieux.

La Vierge aussi va se lever.

Le style ogival, fait de mouvements en haut, d'élan éthéré, devait logiquement amener cette transformation.

Les baies des niches se sont exhaussées avec la même allure que les colonnettes et les nervures. La Madone se lève aussi pour les suivre dans leur marche ascensionnelle.

Mais les progrès de l'architecture religieuse n'expliquent pas seuls ce changement d'attitude dans le groupe sacré.

Les artistes y ont contribué pour une large part.

Pour se l'expliquer, il faut se rappeler quelle était leur mentalité à la fin du XIIᵉ et surtout au XIIIᵉ siècle.

La réaction contre le hiératisme roman, les idées de réalisme qui se produisent, l'étude de la nature qui devient chaque jour davantage la passion de tous, a déterminé également les imagiers à mettre plus de vie dans leurs productions.

Marie qui avait été, jusqu'au xie siècle, comme au second plan, « le trône royal » du Christ bénissant ; qui, à l'époque de transition partage avec Lui les hommages, *va devenir insensiblement l'objet principal de la composition et l'Enfant n'en sera que le complément,* tel le fruit à l'arbre.

On est alors en plein xiiie siècle, qui est avant tout le siècle de Marie.

La liturgie est remplie de ses gloires ; les chaires de l'Europe retentissent de ses louanges ; les cathédrales s'élèvent, dans toutes les nations, à son nom ; les ivoiriers, les émailleurs, les peintres, les sculpteurs qui vivent de la pensée de l'Eglise, alors souveraine directrice de toute l'activité humaine, façonnent des milliers de madones empreintes de leur foi, en même temps que de leur génie national.

La technique même s'est améliorée. Comme je le disais plus haut, les artistes ont mieux appris leur métier. Ils ne se contentent plus de copier servilement les ivoires byzantins que le commerce oriental importait en si grand nombre sous les derniers Carolingiens, et les premiers Capétiens. Ils se libèrent peu à peu de cette sujétion et interrogent la nature qui les entoure, pour en mieux surprendre les beautés, avec des yeux d'abord inexpérimentés, chaque jour plus savants observateurs. Et ils traduisent ces leçons à l'aide d'un ciseau plus libre et maître de lui, avec une verve, j'allais dire un « brio » qui fait de leurs œuvres des sujets ravissants.

Les figures s'animent, les yeux s'illuminent et les lèvres se détendent : on sent qu'à la fin de cette période, elles vont sourire....

A la *Madone en Majesté*, à la *Vierge Reine* solennelle, succède la *Vierge Débonnaire*, secourable, douce et gracieuse. Le type s'humanise, avec toujours pourtant de la dignité à laquelle s'ajoute seulement de la grâce et même, de plus en plus, de la tendresse, comme cette Vierge de l'église de Montmorillon (Vienne), qui penche la tête et baise amoureusement la main de Jésus.

La Vierge se transforme en grande dame, « Notre-Dame », avec des inflexions de corps, des attitudes gracieuses qui rappellent celles des châtelaines sur leurs sceaux.

L'Enfant n'est plus le petit roi de gloire ni le Rédempteur adoré. Il tend à devenir le cher bébé qui joue avec sa mère, se dresse sur ses genoux, gagne ses bras pour être plus près du cœur et enlacer son cou.

Et le groupe reste étranger aux hommages des hommes, tout entier aux caresses familiales.

C'est tout au plus si la Madone s'arrache parfois à ces étreintes pour devenir la protectrice de ses fidèles, et on la verra alors étendre son large manteau pour abriter des religieux ou des dévots agenouillés à ses pieds, comme la *Vierge protectrice* du musée du Puy (1420), ou celle que Pierre de la Barre exécuta en 1441, sur fond d'or, pour Jean de Quiqueran, et celle qu'Enguerrand Charonton ou Charton, fit, en 1453, pour l'héritier de Jean Cadard ; — ou armée d'une lourde massue pour éloigner d'un enfant le démon qui cherche à le surprendre.

Nous sommes arrivés, avec ces madones, au sommet de l'art marial.

Et l'on pourra dire, à la fin de cette période, qu'on y a touché de plus près l'idéal religieux. En tout cas, ses œuvres, par la largeur et l'habileté de l'exécution, la justesse des mouvements, la beauté presque surhumaine de l'expression, n'ont rien à craindre de la comparaison avec les chefs-d'œuvre de l'art grec et romain, que le snobisme intellectuel des derniers siècles — quand ce n'a pas été un parti pris évident ou une conjuration contre la vérité — a placés si haut dans l'estime des artistes ; et qu'elles l'emportent incontestablement non seulement au point de vue des formules sereines et expressives, mais par leur esthétique supérieure.

C'est à la recherche d'attitudes nouvelles, qui

préoccupent les maîtres du XIVᵉ siècle, que nous
devons en particulier ces Vierges dont le *déhanchement*
est si caractéristique qu'il est un signe infaillible pour
dater les madones de la fin du XIIIᵉ siècle et surtout
du suivant.

On a cherché les raisons
de ce mouvement assez gracieux à l'origine, mais qui s'est
rapidement exagéré, soit dans
la forme recourbée des défen-
ses d'ivoire, d'où furent tirées
tant de statuettes qui semblent
l'avoir imposée aux ateliers de
sculpture religieuse, soit dans
l'habitude des gens du XIVᵉ siècle de se tenir plus ordinairement sur une jambe, pour faire
saillir les précieuses ceintures
d'orfèvrerie qui tombaient sur
la hanche droite.

Sans nier la part d'influence
que ces causes ont pu exercer
dans la nouvelle « tenue » de
la Madone, je crois pourtant
que ce mouvement devait nécessairement et tout naturellement se produire, quand, pour
tenir sur son bras gauche l'Enfant Jésus que ses gestes éloi-
gnent de son buste, la Madone
a dû se rejeter de côté, offrant
ainsi un hanchement dont les
artistes ont habilement profité
et accentué encore par l'amon-
cellement, sous le bras gauche,
des plis du manteau qui leur

Fig. 15.

Notre-Dame de Paris :
statue du transept
(XIIIᵉ siècle).

servirent à produire tant de jolis effets de draperies
(*voir les figures* 15 et 16).

Cette remarque nous amène à parler de la modification introduite à partir du XIIᵉ siècle, dans le costume
lui-même de Marie, pour ne pas parler de celui de

Jésus, qui se simplifie au point de disparaître complètement...

La nouvelle école esthétique tend à habiller le groupe
un peu comme des contemporains. Nous avons vu
Carlo Crivelli donner à la Vierge la robe somptueuse

Fig. 16. — Champmol, près Dijon : La Vierge
par Clauss Sluter.

des grandes dames de Venise. La tunique romaine,
que remplaçait à l'époque hiératique la chasuble
sacerdotale, fait place, au XIII⁰ siècle, à la robe sou-
tenue à la taille par une ceinture parfois ornée de
pierreries. Le manteau plus étoffé encadre le buste et
enveloppe le bas du corps en des effets étudiés, d'une

suprême élégance dans la forme et d'une remarquable souplesse dans l'exécution.

Du ve au xiiie siècle, le manteau a laissé voir tout le devant de la robe, ne couvrant que le haut des

Fig. 17. — FRA ANGELICO : LA VIERGE A L'ETOILE
(Musée Saint-Marc, à Florence).

bras ; mais à partir du xiiie siècle, il revient du bras droit sous le gauche, sur le devant, et cache dorénavant la robe dont on n'aperçoit que le corsage et la partie inférieure.

Tous ces vêtements, — quand ils n'imitent pas les

tissus magnifiques du temps, soieries, velours polychromés et damas français, ou brocatelles espagnoles et italiennes — se couvrent de broderies d'or où le lion de Juda rampant voisine avec des croix fichées et la rose héraldique.

On se rend mieux compte de ce que nous venons de dire, quand on jette les yeux sur quelques œuvres de cette époque.

Notre-Dame de Paris : Madone du transept (XIIIᵉ siècle) qui se détache sur l'oriflamme de Jeanne d'Arc contre le pilier du chœur (*Fig.* 15) — à *Notre-Dame de Paris*, la Vierge du trumeau de la porte du cloître (seconde moitié du XIIIᵉ siècle) si avenante déjà et qui paraît être la sœur aînée de la suivante :

Notre-Dame du Salut, aujourd'hui dans la chapelle de l'Assomption, rue François Iᵉʳ à Paris (fin du XIIIᵉ) achetée en 1855 et qui doit provenir de la chapelle basse du Palais ; une des jolies Vierges souriantes qu'a produites le XIIIᵉ siècle et que nous a fait doctement connaître M. Abel Favre (*Mois littéraire et pittoresque,* mai 1900).

A *Amiens,* la vierge de la « porte dorée » (milieu du XIVᵉ siècle) d'un charme pénétrant ; et chez laquelle l'élégance du costume souligne avec art la grâce et le naturel de la pose familière.

La *Madone de la Chartreuse de Champmol,* près Dijon, œuvre de Clauss Sluter (1390-97) ; fin du XIVᵉ siècle (*Fig.* 16).

Notre Dame de Hal, en Belgique (fin XVᵉ siècle), dernière expression des vierges ogivales et qui sent les influences latentes de la Renaissance.

La note est la même chez les peintres, d'abord chez les enlumineurs de manuscrits, au charme attendri, puis chez les PRIMITIFS (1) aux âmes ingénues et

---

(1) On commence à mieux connaître et à mieux apprécier aujourd'hui les *Primitifs,* c'est-à-dire, ces artistes qu'on rencontre à l'origine de chaque école d'art en Europe. Au point de vue de la peinture religieuse surtout, on est revenu de l'enchantement, de l'enivrement où nous avait jeté trop longtemps l'irrésistible éblouissement de la renaissance italienne. On s'est enfin arraché à cet « ensorcellement », et l'on rend justice aux efforts de ces initiateurs que furent ceux qu'on s'est entendu à désigner sous le nom de « primitifs » et en tête desquels il convient de donner une des meilleures places — surtout depuis les travaux d'un

pieuses, enfin chez les *Quattrocentistes*, plus savants et d'un faire sinon plus savoureux du moins plus agréable au regard, et dont il suffit de nommer les principaux maîtres :

CIMABUE (1240-1302), qui est presque un byzantin et dont *la Vierge aux anges* (au Louvre) est une œuvre de jeunesse.

Du même, un tableau, dans l'église *Santa Maria Novella à Florence*, réplique du précédent et dans laquelle on sent un art plus avancé. Les plis serrés des vêtements de la première madone ont fait place à un système plus large de souples draperies et les personnages sont empreints d'une infinie douceur que son élève, LE GIOTTO (1276-1336), rendra délicieusement.

FRA ANGELICO, l'angélique *Giovanni de Fiesole* (1387-1455), qui doit son nom « IL BEATO » à la suavité de ses créations toutes immatérielles. — *La Vierge à l'Etoile,* aujourd'hui au musée Saint-Marc, de Florence, a été peinte entre 1426 et 1430 (*Fig.* 17). Elle paraît être son chef-d'œuvre. La Madone n'a jamais été plus céleste dans les œuvres humaines, et personne, depuis lui, n'a pu mettre dans le regard de Marie autant de noble gravité et d'ineffable tendresse.

BOTTICELLI (1446-1516) (au Louvre), *la Vierge, l'Enfant et saint Jean,* empreinte d'un charme inexprimable.

MAINARDI (1470-1513) (également au Louvre) : La Vierge caresse le petit saint Jean.

En Flandre, Hans Memling (1435-1494) suivra les formules « fouquettistes » et tendra trop vers le « portrait », ce qui caractérise aussi la tendance des écoles françaises qui tombent dans le réalisme, avec Fouquet qui osera emprunter, pour sa vierge célèbre d'Etienne Chevalier, au musée d'Anvers, le visage et l'impudeur d'Agnès Sorel !...

de leurs passionnés admirateurs, le regretté M. Henri Bouchot ; — à ceux de France, trop négligés jusqu'ici aux dépens exclusifs des Flamands et des Italiens qui commençaient à peine, au XIIIᵉ siècle, à tenir un pinceau, servile imitateur de l'art antique, quand nos maîtres selliers et nos enlumineurs, nos peintres de l'école de Paris, de l'Artois, d'Avignon, de l'Anjou et du Bourbonnais, faisaient déjà des œuvres remarquables et d'une incontestable originalité.

LES TYPES PARTICULIERS

Pour faire connaître enfin les manifestations de l'art marial de la période du réalisme, il nous reste à indiquer les principaux types particuliers au moyen desquels les artistes ont continué l'œuvre de leurs devanciers ou traduit les sentiments de leurs contemporains.

Le livre.

Ils abandonnent définitivement le « type » de Jésus bénissant, pour mettre entre les mains de l'Enfant le LIVRE DES EVANGILES, non le livre scellé sur lequel s'appuyait la main du Souverain Docteur, mais le livre dans lequel, enfantelet gracieux, il lit sous le regard charmé de sa mère. Comme à Paris, dans le groupe du portail de gauche (fin XIIIe siècle) ; type que nous retrouvons partout en province, par exemple :

Fig. 18. — SAINT-PALAIS (ALLIER) : STATUE, BOIS POLYCHROMÉ (XIVe siècle).

A *Saint-Palais*, dans l'Allier (*Fig.* 18) ; à la cathédrale de Moulins, dans un vitrail de la fin du xve siècle (*Fig.* 19) ; dans une *statue du musée de Cluny*, sculptée par l'école allemande et où Marie, divine institutrice, tourne les pages d'un livre, comme on fait d'un album d'images, pendant que le bambin joue avec son chapelet.

L'Oiseau.

Parfois, comme à *Riom*, à Notre-Dame du Marthuret fin du xive siècle) (1), ils placent dans ses mains (au lieu

(1) Cette statue a été l'objet d'une intéressante étude du docte abbé Crégut, ancien aumônier du collège de Riom, qui a bien voulu nous autoriser à reproduire la Madone.

de la pomme dont le symbolisme paraît oublié), un oiseau mutin, qui becquète le doigt de l'Enfant et provoque de sa part une petite moue charmante à laquelle répond malicieusement le ravissant sourire de la Vierge (*Fig.* 20).

Vierge glorieuse.

Ils traduisent aussi les élans de la dévotion qu'ils partagent avec les hommes d'église et les pieux laïcs.

Ils illustrent de leurs commentaires de pierres les discours des orateurs et peignent des *Vierges glorieuses*, entourées souvent des attributs de ses mystères ou des symboles de ses vertus, comme Enguerrand Charton dans sa *Vierge triomphante*, que conserve l'église de Villeneuve - lès - Avignon ; comme aussi le *Maître de Moulins* qui cache peut-être Jean Perréal (?) et auquel on doit, entre autres tableaux, une Vierge couronnée par des Anges, de la collection Questel, de Paris, et surtout la Vierge, célèbre aujourd'hui, de

Fig. 19.

notre beau *triptyque de la cathédrale de Moulins*, l'orgueil et le joyau du Bourbonnais, peint vers 1498, pour notre duc Pierre II et sa femme, Anne de France, dite « la *Dame de Beaujeu* ».

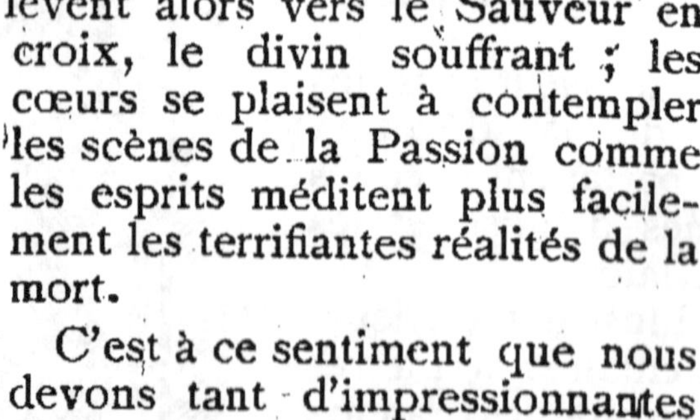

Pieta.

Mais les artistes subissent aussi l'effet des tristesses de ces temps calamiteux. Les guerres incessantes, celle de cent ans surtout, ont laissé une empreinte de mélancolie dans toutes les âmes, qui versent aisément dans un sentimentalisme douloureux. Les yeux des générations meurtries se lèvent alors vers le Sauveur en croix, le divin souffrant ; les cœurs se plaisent à contempler les scènes de la Passion comme les esprits méditent plus facilement les terrifiantes réalités de la mort.

C'est à ce sentiment que nous devons tant d'impressionnantes *Pieta*.

Comme ces tristesses sont générales, puisque l'Europe a été trop longtemps un vaste champ de bataille, les peintres de toutes les écoles peignent des centaines de *Crucifixions*, où se rencontrent de dolentes et admirables *Mater Dolorosa* que conservent nos églises ou qu'abritent nos musées.

Les sculpteurs obligés de faire des groupes détachés, nous représentent la scène de la Vierge recevant sur ses genoux le cadavre de son Fils.

Pour comprendre jusqu'à quel point les artistes ont atteint cette expression, nous n'avons d'abord qu'à regarder la merveilleuse

Fig. 20. — RIOM :
NOTRE-DAME DU MARTHURET
(fin XIVᵉ siècle).

Pieta conservée dans l'église *Notre-Dame de Mont-luçon*. (*Fig.* 21.)

J'ai dans mes collections de madones près de trois cents *Pieta* de toutes écoles et de tous les siècles, et je n'hésite pas à déclarer hautement ici que je n'en connais pas de plus belle et d'aussi émouvante.

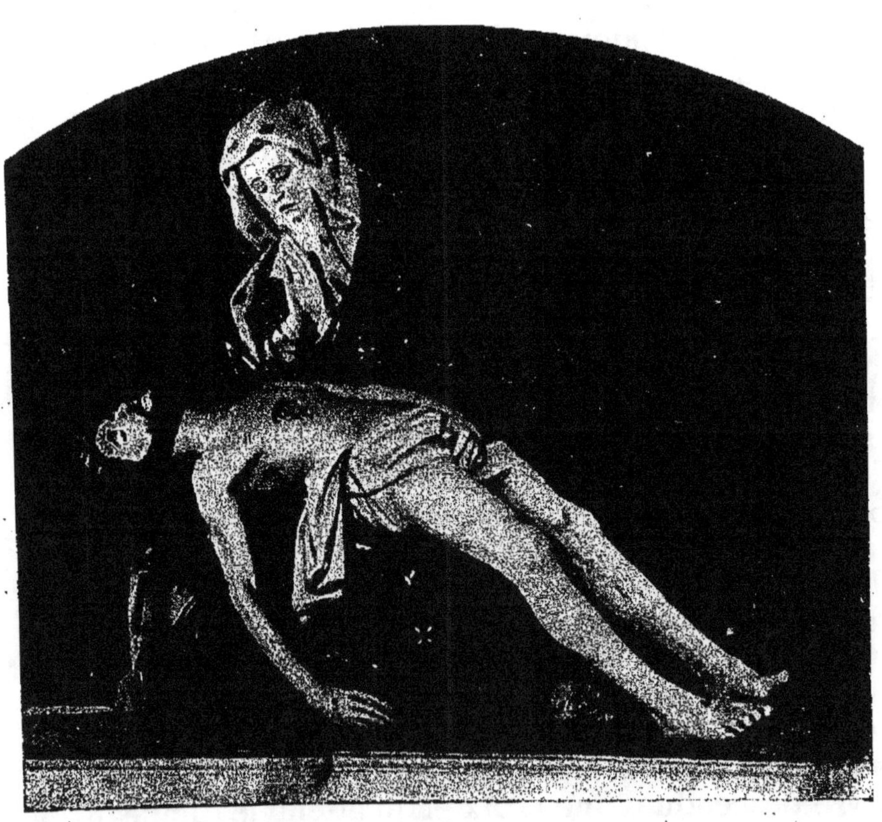

Fig. 21. — Montluçon : Pieta de l'église Notre-Dame
(xv⁰ siècle).

Il faut demander à l'école flamande la *Mater Dolo-rosa* de *Juste Van Gend* (mort en 1470), qui est aujour-d'hui aux Offices de Florence, ou la *Pieta* de l'hospice de Villeneuve-lès-Avignon, de l'école de Nicolas Froment, peinte vers 1470, pour éprouver la même émotion que notre photographie est impuissante à rendre, tant l'expression de tristesse est pénétrante dans ces œuvres.

On m'objectera sans doute que j'oublie la fameuse *Pieta* sortie du ciseau de Michel-Ange et qu'on admire aujourd'hui dans la première chapelle de Saint-Pierre, à Rome.

Je ne l'oublie pas ; mais si elle s'impose à tous par le nom de l'homme de génie qui l'a faite, par les hautes qualités de sculpture qu'elle renferme et la place en un rang hors pair, du moins elle ne m'impressionne pas comme *Pieta*. Après une longue visite à ses pieds et une méditation, au retour d'Italie, en face de notre *Pieta* montluçonnaise, je n'ai aucun embarras à donner à cette dernière la première place et toutes mes préférences.

Il faut se dégager des idées toutes faites, ouvrir les yeux, et réfléchir. La *Pieta* de Michel-Ange, avec sa poitrine de nourrice trop accentuée par un négligé voulu, son air théâtral, est trop « précieuse » pour inspirer de « la pitié » (1), et le beau corps d'homme si flexible et où la vie circule encore rappelle trop les études sur des modèles vivants, pour que je puisse éprouver autre chose qu'une grande admiration artistique. C'est une Eve habillée contemplant le corps d'Abel ; ça n'est pas la nouvelle Eve : Marie du Calvaire, en face du cadavre du Sauveur.

Et c'est précisément ce qui saisit dans la *Pieta* de Notre-Dame, dont le visage empreint de la plus religieuse angoisse se penche dans une intense douleur vers le corps du Fils bien-aimé, qui n'est plus qu'un cadavre descendu d'une croix et qu'attend le tombeau.

Il n'en faut pas juger par la figure que j'en montre ici et qui n'a aucune des qualités du groupe. Il faut aller voir à Notre-Dame l'œuvre elle-même, en écartant par la pensée la peinture, plus que quelconque, qui en atténue, hélas ! la divine expression.

Quand cette *Pieta* sera connue, on ne mettra pas mon enthousiasme sur le compte de mon chauvinisme local : on la déclarera l'œuvre d'un artiste raffiné et dévot qu'on aimerait connaître, et on la regardera

(1) Un critique d'art qui ne peut être suspect, le juif Salomon Reinach, membre de l'Institut, dit de la *Pieta* de Michel-Ange « qu'elle est trop haute et trop *fière* pour *pleurer* »... (Apollo, 201.)

comme la « perle » des Madones de Piété du xvᵉ siècle.

Après cette époque le type s'altère rapidement.

GUIDO RENI (1585-1642), dans un tableau de la Renaissance, qui est à la Pinacothèque de Bologne, fera « poser » la divine affligée en face du corps du Christ placé sur son tombeau, à ses pieds, comme il mettra dans les yeux des anges qui l'entourent une émotion de commande.

GERMAIN PILON (1535-1590) *la séparera même* de son Fils dans la *Pieta* du Louvre, en attendant qu'un ZARZILLO en fasse une *Pieta* de théâtre (1).

Vierge allaitant.

Enfin l'art du xvᵉ siècle, las de peindre les derniers sentiments de Marie au sujet de Jésus, en revint à une idée ancienne dont il espérait des effets nouveaux mieux en harmonie avec le naturalisme envahissant de la Renaissance. Je veux parler de la « Vierge allaitant ».

On était revenu aux scènes de l'enfance du Sauveur. On le figurait tout petit dans les bras de sa mère comme au temps de la Nativité. De là à le représenter lui demandant le sein il n'y avait qu'un pas que les mœurs du temps firent aisément franchir, puisque les livres de prières renfermaient déjà des oraisons, rappelant le souvenir de cette fonction maternelle de Marie, en des termes même d'une crudité que le latin ne « bravait » pas toujours et que notre époque ne supporterait pas.

Je n'en citerai que quelques exemples choisis parmi des centaines de tableaux de ce genre, et seulement pour prouver combien l'art de la fin du moyen âge se précipitait au-devant du sensualisme des renaissants.

Nous empruntons notre premier type à notre compatriote *Jehan de Montluçon*, dont a parlé déjà M. des

(1) En Espagne les statues de *Pieta* ou mieux de *Mater Dolorosa* sont ordinairement vêtues de velours noir avec des ornements de jais. Le voile même est noir. Le sein est transpercé, comme en Italie, de sept poignards d'argent, trois du côté droit et quatre du côté gauche. Dans une des mains on pose un mouchoir de fine dentelle, garnie de broderies et où l'on place son propre cœur « afin, dit M. Hutin, de montrer sans doute que sa grande douleur le lui a arraché »...

Gozis, qu'un autre de nos compatriotes érudits, M. Fournier-Sarlovèze, étudie, et que je me propose également de faire connaître en reproduisant une par-

Fig. 22. — COULANDON (ALLIER),

« VIERGE ALLAITANT » DU CHATEAU DE LA PRESLE.

tie des curieuses miniatures, dont il a enrichi le très précieux livre d'Heures qui est à la Bibliothèque de l'Arsenal (n° 438) après avoir peint, peut-être, en compagnie de Jacques de Montluçon, notre précieux polyptyque de l'église Notre-Dame.

On trouve au folio 152 une *Madone allaitant* l'Enfant Jésus, avec ce manque de tenue qui est la marque distinctive de ces artistes et des œuvres de cette époque.

Un second exemple indique la transition. Il s'agit de la jolie Madone de la *chapelle* du château de la *Presle*, à COULANDON, près Moulins, et que nous reproduisons ici grâce à l'aimable autorisation de son propriétaire, M. le marquis de Las Cases (*Fig.* 22).

Avec le célèbre tableau de SOLARIO (1465-1515) du Louvre : *La Vierge au coussin vert,* on revient aux données de la fin du xve siècle.

Et nous aurons mesuré toute la distance qui sépare les pures et suaves images du commencement de cette époque et les productions naturalistes de la Renaissance, quand je me serai excusé de vous rappeler comment *Adrien van der Werf* (1659-1722) entend représenter cette scène si maternelle que les peintres des catacombes et de la période romaine avaient su rendre avec autant de dignité que de décence.

E. — ÉPOQUE DE LA RENAISSANCE

NATURALISME

—:—

XVIe au XVIIIe siècle.

Le réalisme de l'époque médiévale se transforme, vers 1740, en un art savant qui, à l'école des humanistes de cette époque, alla malheureusement chercher ses inspirations dans l'antiquité païenne.

Ce ne fut qu'un *naturalisme* brillant, raffiné et trop humain, qui, « après l'âge d'or » du xvie siècle — comme l'appelle Eugène Mûntz, le plus illustre des champions de la Renaissance — finit par sombrer dans le maniérisme, fade malgré son élégance.

L'histoire des hommes et des idées de ce temps explique assez cette transformation, d'abord intellectuelle, puis artistique.

Tout y contribue : un néo-platonisme qui va demander des leçons de philosophie aux théories des maîtres grecs, la recrudescence du *classicisme*, de l'*humanisme* entraînent aussi les artistes — qui expriment les idées de leurs contemporains — à demander des modèles au paganisme.

La corruption effrayante des cours italiennes, à la fin du xve siècle, activant la dégénérescence des mœurs publiques produites par l'amour des jouissances du siècle, provoque et accélère ce mouvement qui précipite, d'une part, les chefs de la pensée dans l'épicurisme et le scepticisme pratique, de l'autre, les artistes, dans le naturalisme païen.

Ce qu'on a nommé : « La Renaissance » n'est donc qu'un mouvement, non de progrès véritable mais de régression intellectuelle et artistique vers l'antiquité ; c'est un recul de quinze siècles ; c'est une nouvelle apparition d'Athènes, de ses orateurs et de ses artistes dans la Rome chrétienne de Jules II et de Léon X. C'est dans le domaine moral le culte de la jouissance de la vie, substitué à l'austère théorie du détachement et du sacrifice, à la pratique du devoir ; et au point de vue artistique — surtout en ce qui concerne la représentation du groupe divin — c'est la recherche du charme de la forme, de la chaleur du style, l'harmonie de la composition remplaçant la poursuite de l'idéal céleste, à travers les beautés humaines.

De cette préoccupation dominante de la forme, de l'oubli de l'idée sont nées ces œuvres qu'on admire tant, parce qu'elles sont pleines sans doute de qualités merveilleuses et de magie artistique et parce qu'elles répondent à nos conceptions contemporaines ; mais que l'iconographie a bien le droit de critiquer pour l'absence même de sens religieux, impérieusement réclamée par l'image sacrée de la Madone.

Pour les « Renaissants » les splendeurs de la grâce divine disparaissent pour céder la place — toute la place même — à la grâce purement humaine. A l'ordre surnaturel la nature se substitue. L'homme prend véritablement la place de Dieu.

L'idée vraiment religieuse en est absente.

A mesure que la technique se perfectionne, que les procédés sont plus habiles, les coloris plus merveilleux, que les écoles italiennes, espagnoles, flamandes, — dont notre art national se fait trop souvent alors le tributaire — produisent des toiles immortelles que leur valeur fait accepter dans chaque palais et même dans toutes les églises, l'idée religieuse, dont les efforts des Primitifs avaient prolongé l'influence, décroît bientôt et meurt, victime mystique du naturalisme des peintres sensuels du XVIe siècle.

La Vierge, qui déjà n'était plus en Majesté, n'est même plus une « Mère divine ». Le type s'est tout à fait *féminisé* pour satisfaire ces générations épicuriennes. *Ce n'est plus qu'une femme,* que la « femme » idéalisée encore par le génie de Raphaël et ses imitateurs, en attendant que ce dernier éclat disparaisse à son tour pour ne laisser qu'une profanation par l'emprunt à des portraits de contemporaines, qui servent trop souvent de modèles. L'art ne prend plus ses types ni ses inspirations dans le ciel, ou c'est celui de l'Olympe, et on a pu voir le Parmessan vendre comme tableau de Madone une toile, où Vénus et Cupidon vêtus étaient représentés avec une simple auréole...

L'idéal faisant défaut, toute originalité même disparaît. Les artistes de cette époque n'ont rien trouvé de nouveau et leurs œuvres offrent souvent un déplaisant mélange de sensualisme et de dévotion.

Depuis Dürer jusqu'aux peintres du XVIIIe siècle, ils en sont réduits à reproduire des *Saintes Familles* empruntées à la période réaliste, qu'ils répètent jusqu'à la satiété, pendant deux siècles, et qui ne varient que par la pose ou la présence de donateurs, accompagnés de leurs saints patrons.

En dehors de ce thème, ils représenteront les mystères de la vie de Jésus, des scènes dont Marie ne sera parfois qu'un témoin secondaire.

C'est cette indigence religieuse qu'on sent au milieu de si splendides qualités, quand on jette un coup d'œil sur les productions les plus typiques de cette époque.

Quelques spécimens de la SCULPTURE — qui fut bientôt délaissée au profit de la peinture — suffisent pour faire apprécier l'évolution naturaliste.

Le Robellino, qui est à Berlin, nous rappelle cependant la grâce des maîtres florentins.

Dans la Madone qui décore la cathédrale de Bruges, Michel-Ange témoigne de l'ampleur que son génie savait donner à toutes ses conceptions, toutes empreintes pourtant de l'influence de l'antiquité, comme en témoigne un médaillon du musée national de Florence.

Quant aux peintres, il convient d'abord de regarder les inspirateurs de Raphaël :

Le Pérugin (1446-1524), dont on a pu dire qu'il n'était chrétien que le pinceau à la main, et qui cependant, nous a donné de « jolies » madones comme celle de *Londres*, délicieuse dans son abandon, et celle du *Louvre*, universellement connue tant elle a été reproduite par la gravure.

La *Vierge Glorieuse*, qui est venue à Paris en 1796 et a été rendue en 1815 à la Pinacothèque de Bologne.

Léonard de Vinci (1459-1519). La *Vierge aux rochers* (du Louvre), peinte vers 1483, où se trouve le portrait de l'artiste à côté de Jésus bénissant saint Jean Baptiste.

La *Vierge aux Balances* (du Louvre), qui est peut-être de Césare da Sesto, son élève, et où sainte Anne fait partie du tableau, comme dans son autre toile du même musée national, où nous voyons la Vierge assise sur les genoux de sa mère.

Alors apparaît Raphael (1485-1520), si passionnément admiré ; qu'on peut l'appeler « le peintre de la Madone », non pour indiquer qu'il ait mieux rendu l'idéal marial que le Beato par exemple, mais surtout parce qu'il en a peint un plus grand nombre, et couronné les efforts de ses prédécesseurs immédiats, sans avoir eu jamais depuis son égal.

Lorsqu'on examine les œuvres du « Maître », soit dans la période florentine, soit dans la période romaine, on sent qu'il ne s'est pas proposé d'être — à proprement parlé — édifiant, pieux...

La Vierge reste pour lui, comme pour les artistes qui le précédèrent d'un demi-siècle ou le suivirent, la plus ravissante de toutes les créatures, la plus belle

d'entre les femmes, comme son fils est le plus déli-
cieux des enfants. Et il a mis à l'exprimer un charme
humain que ne peuvent rendre aucune description, pas
plus que les reproductions si artistiques qu'elles soient,
mais qui manque de cette empreinte divine qu'on ne

Fig. 23. — RAPHAEL : LA VIERGE DU GRAND DUC
à Florence, Palais Pitti (1505).

retrouve que dans les œuvres d'Angelico, si chargées
d'émotions religieuses.

On en a la preuve en jetant les yeux sur la superbe
Vierge du grand duc de Toscane, du même musée,
une des plus douces, des plus agréables, peut-être la
plus idéale de ses toiles *(Fig.* 23).

Ainsi, toute idée céleste, tout idéal divin est absent de ces jolies formes, qui souvent méritent d'éveiller plus de curiosité que d'admiration.

C'est le châtiment de ce mouvement artistique sans prières.

L'idée est mise en échec par la plastique ; l'âme est sacrifiée au corps.

Le moyen âge avait produit des artistes qui croyaient ardemment, mais travaillaient mal.

La Renaissance a des maîtres qui peignent admirablement, mais qui ne croient plus...

Aussi, les innombrables créations des trois siècles qui précédèrent la Révolution française n'ont laissé aucun monument qui parle à l'âme...

Ce sont comme de brillantes symphonies pour les yeux, mais le cœur reste froid devant la noblesse théâtrale des attitudes, l'emphase charlatanesque du sujet qui n'émeuvent pas l'âme et ne font monter aux lèvres aucune prière.

Et tant d'efforts aboutissent chez nous à l'affèterie dévotieuse, aux mignardises et aux fadaises des XVIIe et XVIIIe siècles et aux tableaux de genre, de bataille, de chasse, de pastorales champêtres... Et quand la Madone est encore représentée, c'est pour l'être par le ciseau de *Germain Pilon,* quand ce n'est pas pire...

On est en plein maniérisme qui n'a produit que des Madones coquettes, qui doivent à leur nez tout petit, à leur bouche minuscule, à leur sourire forcé, à leur grâce minaudière, une élégance toute conventionnelle de petites bourgeoises, que les habitués des cours de Louis XIV et de Louis XV pouvaient déclarer « adorables », mais qui ne satisfont ni les légitimes exigences de l'art, ni surtout celles de la piété chrétienne.

Fig. 24. — Notre-Dame de Pellevoisin (Indre).

F. — EPOQUE MODERNE

« COPIAGE » ET INDUSTRIALISME

—:—

XIXᵉ et XXᵉ siècles.

L'époque moderne aurait dû surpasser toutes les autres dans la représentation de la Madone.

D'abord les artistes avaient sous les yeux les superbes sculptures, les magnifiques tableaux des âges précédents ; puis ils furent favorisés d'apparitions multiples par lesquelles la Vierge Elle-même se manifestait, pour rappeler ses titres à notre amour, à notre dévotion et aussi pour nous redire les devoirs trop oubliés de la prière et de la pénitence.

C'est ainsi que la virent tour à tour passer :

La chapelle de la rue du Bac, à PARIS, en 1830, d'où sortit la médaille miraculeuse ;

Les mamelons sauvages de LA SALETTE dans les Alpes altières, le 19 septembre 1846 ;

La grotte Massabielle à LOURDES, en 1858, dans le cadre grandiose des Pyrénées, devenue la terre classique du miracle ;

PONTMAIN, dans la Mayenne, le 17 janvier 1871 ;

PELLEVOISIN, au cœur de la France, dans l'Indre, où en 1876 la « Mère Toute Miséricordieuse » (*Mater Misericordiæ,* comme l'appelle l'Eglise) apparut à Estelle Faguette, les mains pleines de grâces et donnant à l'univers le scapulaire du Sacré-Cœur (*Fig.* 24)...

Mais toutes ces manifestations faites à des enfants, petits paysans, jeunes pastoures, ou à de pieuses femmes impuissantes à traduire leurs extases, furent sans efficacité au point de vue artistique.

Il faut bien en faire l'humiliant aveu, l'art marial n'a rien produit qui répondît à ce qu'on pouvait attendre d'un siècle novateur et aussi créateur que le nôtre.

La Révolution française, les idées qu'elle se préoccupait avant tout de semer dans le monde, les besoins nouveaux de notre époque ont achevé l'œuvre de la Renaissance. Les yeux de nos contemporains sont fixés sur la terre pour en fouiller le sol, à la conquête des diamants, de l'or ou du charbon, et s'ils s'élèvent quelque peu vers le firmament, c'est pour en cataloguer scientifiquement les étoiles ou mesurer les futures conquêtes de l'air...

Nous sommes en plein « industrialisme ». La machine, la mécanique absorbent tout ; l'automobile finit par tout écraser...; l'homme n'a plus le temps que d'aller en vitesse, et plus d'autres préoccupations que le progrès matériel.

L'art enfin subit fatalement les conséquences de la crise philosophique et religieuse que nous traversons. Et incapable de reprendre par lui-même les chemin des cimes, il se fait de plus en plus terre à terre, quand il ne copie pas.

Aussi ses résultats en fait d'art marial sont absolument nuls.

Les artistes classiques ou romantiques n'ont plus la foi, ne lui demandent pas ses inspirations ou ne savent pas les rendre. Ils se bornent à peindre *ce qu'on leur commande,* sans savoir parfois exactement ce qu'il convient de représenter, tant leur ignorance est extrême.

Pour citer cependant les efforts tentés, nous dirons que les premiers artistes du XIX⁰ siècle copièrent du moins assez habilement Raphaël, comme :

INGRES (1780-1867) : *dans la Vierge à l'Hostie,* du Louvre, qui est comme une réplique de « la Vierge aux candélabres » du maître florentin ; ou BOUGUEREAU (1825-1905), avec sa *Mater afflictorum ,* du musée du Luxembourg et qui n'est qu'une « Orante » belle d'une beauté tout humaine, révélant un pinceau habitué à des représentations moins mystiques.

Quant aux sculpteurs de cette première époque, eux aussi copièrent, en les modifiant un peu, les dernières Madones de la Renaissance, ainsi que le prouve la *Notre Dame de France* de BONASSIEU, très classique, qui se dresse au Puy. Son titre de gloire est d'être fondue avec des canons pris à Sébastopol, et son originalité de se dresser sur le plus colossal et le plus pittoresque des piédestaux.

Il convient pourtant de mentionner ici les tentatives en France de FLAMENG (1843-1893), de FLANDRIN (1809-1864), de SAVINIEN PETIT et surtout du délicat et pieux Victor ORSEL (1794-1850) dont quelques toiles sont pleines de saveur ; les gravures un peu douceâtres de ce bon HALLEZ ; et les efforts de l'imagerie Française, Allemande, Anglaise, Helvétique qui pourtant ne nous ont pas arrachés encore à la pauvreté de l'image dite « pieuse ».

Quant à l'Allemagne, elle a produit les OVERBECK, dévots, qui, tout en copiant le Perrugin et Raphaël, firent des choses véritablement chrétiennes. Avec les œuvres de CORNÉLIUS, SCHADOW, STEINLE, SCHNORR et ORSEL chez nous, ils ont atteint les points les plus élevés, car nous ne pouvons mettre à la même hauteur l'école des BÉNÉDICTINS DE BEURON, qui n'ont pas assez compris que le « naïf » n'est pas le religieux et qu'il fallait servir l'art marial autrement qu'a la façon des primitifs les moins habiles ; ni les dessinateurs FUHRICH, ITTENBACH, qui nous redonnent pourtant avec un certain talent les Vierges florentines.

En Angleterre une école vouée avec JOHN RUSKIN au préraphaëlisme, a essayé de faire revivre très artificiellement les écoles italiennes ; elle a pu produire, au sujet des mystères de la vie de la Vierge, quelques bonnes toiles ; mais elle tombe (surtout dans la représentation de la Madone) dans une dangereuse mièvrerie qui s'imagine faire du mystique, quand elle fait ses personnages longs et anguleux, lorsqu'elle n'échoue pas avec ROSSETTI et ses imitateurs, dans un réalisme inconvenant qui n'a d'égal que nos productions françaises actuelles.

Naturellement nous ne parlons pas ici de ces moulages ou de ces chromos ignominieux que livre chaque jour le commerce des objets de piété à une clientèle mal éclairée ; de ces madones grotesques, quand elles ne sont pas quelconques, dont on déshonore souvent nos édifices et nos demeures.

En dehors des efforts vers l'idéal comme la *Sancta*

Maria, ou Vierge au Lys de DELAPLANCHE, qui est au Luxembourg ; ou la *Pieta* trop réaliste de SANSON, du salon de 1878, que trouve-t-on chez nos peintres ou nos sculpteurs de la seconde moitié du XIXe siècle ?

Fig. 25. — LA VIERGE MÈRE, par Mucha.

Une grande préoccupation ! Rendre dans leur brutale réalité les impressions artistiques qu'ils éprouvent en se dégageant de toute loi classique, de tout procédé ancien. Certes la peinture des impressionnistes ne manque pas de caractère et de talent. Il y a dans certaines pages d'Edouard MANET, de Claude MONET, de RENOIR, de SISLEY... une fraîcheur irisée, une justesse de ton, une subtilité si persuasive, qu'elle éveille aussi une émotion, non plus l'émotion qui parle à l'esprit et au cœur, surtout à l'âme, mais qui est plutôt la résultante de sensations très humaines et d'analyses étranges d'effets lumineux qui donnèrent naissance au *pointillisme* moderne...

Il est aisé de comprendre que cette peinture était incapable de s'appliquer à rendre la pure figure de la Madone...

D'ailleurs nos artistes sans religion le sentent si bien que de plus en plus ils abandonnent les sujets de piété. Quand ils les traitent (ce qu'ils font rarement), ils obéissent à une double tendance : la première *scienti- fique*, c'est la recherche de la reconstitution archéolo- gique ou historique de la vie de Marie ; la seconde : *mystique*, ou mieux prétendue mystique.

Dans la première s'est rangé JAMES TISSOT (1836-1902), dont je préférerais ne pas parler, si on n'avait fait autour de son nom une si scandaleuse et si ridicule réclame. Quand on a mis à part le rendu de certaines aquarelles qui sont excellentes, il ne reste plus de son œuvre énorme que des scènes truquées et d'inconve- nantes images dont quelques-unes vont aisément jus- qu'à l'irrespect ainsi que cette révoltante... femme de l'exultant Magnificat, qui paraît tirée des illustrations pornographiques que la police saisit à la vitrine des libraires les moins collet-montés.

Parmi ceux qui s'intitulent « *mystiques* », il faut sans doute ranger DAGNAN-BOUVERET qui pour étudier des effets de lumière a peint... une Vierge VERTE ! et qui, sous couleur de « réalisme » prend ses modèles de Madone... à Tunis ou en Algérie...

C'est ainsi que les rares toiles de nos salons annuels, accusent la décadence de plus en plus grande de la peinture religieuse.

C'est avec les OLIVIER MERSON, les GUSTAVE DORÉ, les JEAN BÉRAUD, les HÉBERT, les LHERMITTE, les UHDE, les DUTROIT, les SONREL, les LUCAS, la Vierge mêlée aux pires modernités mondaines ou paysannes.

Pour avoir une idée de cette marche *descendante*, il suffit de regarder le tableau de : Mme DELMONT-BREton, « *Stella Maris* », où le groupe est réduit... à une apparition falote... et le premier rôle donné aux naufragés !... — de Mailliart, la *Madone des Flots*, qui est, on en conviendra, la brave femme d'un pêcheur, et la fille d'un bon vieux loup de mer qui est à ses pieds.

La *Vierge et l'Enfant* que Van Hove nous a rapporté des Flandres, pour le salon de 1894, et où tout cachet religieux est rappelé par le fil d'auréole qui entoure les têtes et la croix formée, au loin, par les ailes du moulin !...

La *Vierge de* Lefèvre, une des curiosités de l'exposition universelle (où elle figurait *sur un autel en grès Muller*), et qui me paraît aux antipodes du type de la Madone, tant elle est d'un réalisme inconvenant pour la « Vierge Mère ».

Enfin une des productions du dessinateur puissant, du compositeur si fécond : Mucha, « *la Vierge et l'Enfant dans son berceau* », qui ne fait que démontrer davantage ce que j'avance de l'abaissement — et de l'abaissement dans la boue du trottoir de la virginale figure (*Fig.* 25)...

Et nous arrêtons ici ces exemples pour ne pas entrer tout à fait dans les rêves fous, dans ces hallucinations de malades, de névrosés, de détraqués que sont les illustrations des Carlos Schwabe et consorts, pour les évangiles apocryphes dont le texte est publié, ou traduit par un voluptueux Catulle Mendès... ni des derniers tableaux faits avec quelque chose de pire que la boue, comme celui du Salon 1907, commis par Willette, que je demande pardon de citer, puisqu'il ose toucher au groupe de la Madone avec une impudeur et une grossièreté, que quelques critiques ont qualifiée « de profanation », d'autres de « gaminerie », et qui est avant tout, sinon un blasphème, du moins une polissonnerie d'atelier.

CONCLUSION

Faut-il donc renoncer à posséder dès ici-bas une idéale, une céleste représentation de la Madone, que quelques images de saint Luc, certaines toiles des primitifs font revivre pourtant, d'une façon presque conforme à la pensée chrétienne ?...

Que faudrait-il pour reprendre les glorieuses traditions ?...

Remonter, par les bonnes routes, vers les sommets presque atteints, et couronner les efforts de tant et de si illustres artistes ?...

Ce qu'il faudrait ?

Des générations de croyants, pour faire éclore des âmes d'artistes religieux !

Et *un artiste* qui, à l'exemple du séraphique Fra Angelico, — suivant le mot de Michel-Ange — aille « *prendre ses modèles en Paradis* », et comme lui, travaille à GENOUX...

Moulins, la Madeleine, 2 février 1908.

TABLE DES MATIÈRES

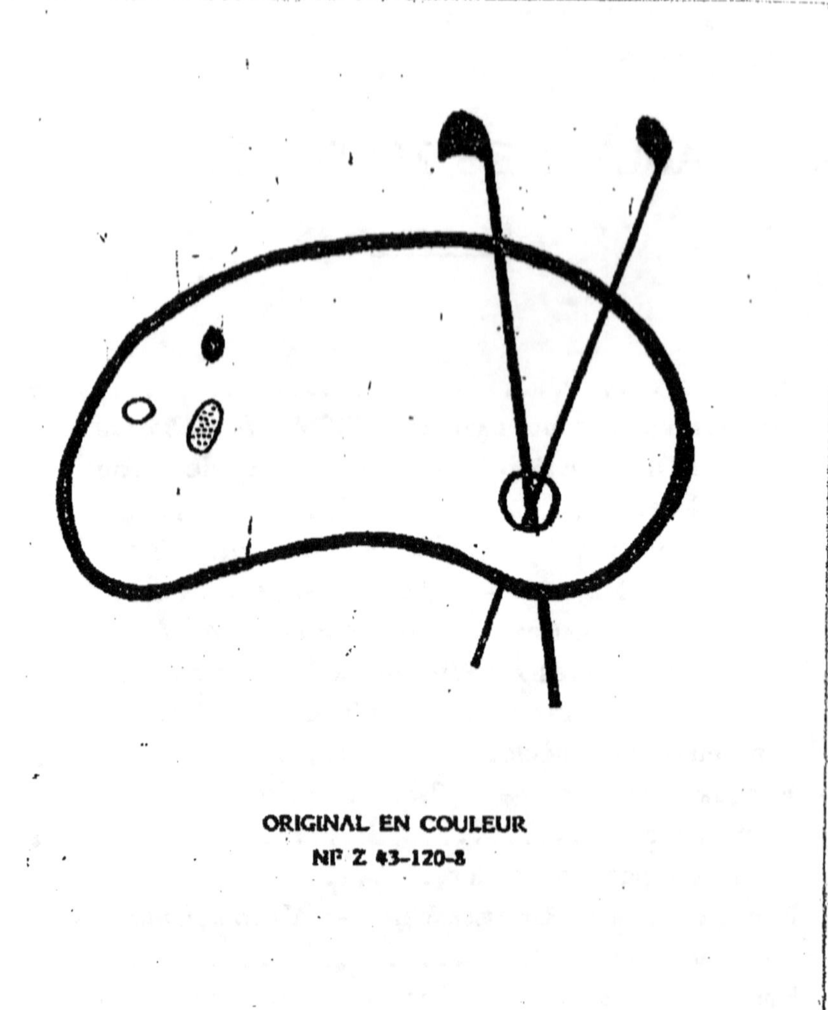

ORIGINAL EN COULEUR
Nᵒ Z 43–120–8

www.ingramcontent.com/pod-product-compliance
Lightning Source LLC
Chambersburg PA
CBHW071400030726
47594CB00002B/793